Anselm GRÜN o.s.b.
Meinrad DUFNER o.s.b.

LA SANTÉ, UN DÉFI SPIRITUEL

Traduit de l'allemand
par
Charles Chauvin

MÉDIASPAUL

L'original de cet ouvrage a été publié en allemand par *Vier-Türme-Verlag,* Abbaye de Münsterschwarzach (Allemagne), sous le titre *Gesundheit als geistliche Aufgabe*

Médiaspaul Éditions, 8 rue Madame, 75006 PARIS
ISBN 2-7122-0793-9

Pour le Canada :

Médiaspaul, 3965, boulevard Henri-Bourassa Est
MONTRÉAL, QC, H1H 1L1

AVANT-PROPOS

A l'abbaye de Münsterschwarzach, en 1987, le Père Meinrad Dufner et le docteur Stefan Hagen, médecin et psychothérapeute, ont tenu une session dont le titre était: « La santé, un défi spirituel ». La session a connu un beau succès. Manifestement, elle a traité d'un besoin à présent largement reconnu. Bien des gens aujourd'hui comprennent que la santé est plus que la simple restauration d'un corps malade, qu'on peut obtenir à coup de médicaments et à l'aide d'appareillages techniques sophistiqués : qu'elle requiert un style de vie sain, et comporte aussi une dimension spirituelle, un juste rapport à soi-même, aux autres, à la Création et finalement à Dieu.

Ce modeste volume contient les conférences et les entretiens de cette session. L'intérêt porté à ce sujet nous a aidé nous-mêmes à mieux écouter notre corps et à mieux sentir avec lui quel sens revêtent nos maladies, en vue de les traiter avec plus de ménagement et de façon plus attentive. Nous sommes même devenus plus sensibles, dans nombre de nos entretiens au confessionnal ou en pastorale, au contexte de la maladie et du mode de vie, de la santé et de la relation à Dieu. Nous exprimons notre gratitude envers tous ceux qui ont su avec simplicité nous parler de leur histoire, de sorte que nous avons pu pressentir quelque chose du mystère du Dieu qui guérit, qui s'est manifesté à nous en Jésus Christ.

Nous devons une reconnaissance toute particulière au Dr Stefan Hagen et à son épouse Monika, qui ont relu le manuscrit et nous ont fourni de précieuses indications. Nos conversations nous ont ouvert les yeux sur bien des points. Aussi formons-nous l'espoir que les idées développées dans cet opuscule, et connues depuis longtemps déjà dans la profession, aideront à l'avenir bien d'autres personnes à poursuivre leur itinéraire spirituel de façon plus vraie et plus saine.

INTRODUCTION

La médecine universitaire se heurte aujourd'hui à de graves limites. Elle déploie, dans sa lutte contre la maladie, un énorme arsenal technique, mais en même temps elle sent que l'homme n'est pas pour autant en meilleure santé. Sans doute est-elle à même de maîtriser de nombreuses maladies des temps passés, en particulier les maladies infectieuses, mais de nouvelles pathologies ne cessent d'apparaître, qui visiblement dépendent de notre conception de la vie et de notre intelligence de la médecine. Aussi tous les responsables prennent-ils aujourd'hui conscience des limites de notre système de santé. La société n'est pratiquement plus en mesure d'en assurer le financement. Les partis politiques tentent de réduire les dépenses, sans pourtant pouvoir maîtriser ce problème, et ils ne parviennent pas à s'opposer à la consommation dans le domaine médical. L'idée selon laquelle une augmentation des moyens techniques et une amélioration des médicaments permettent de parvenir à une meilleure santé demeure tenace. Au lieu de s'efforcer de mener une vie sobre, on renvoie la responsabilité de la santé aux médecins et aux scientifiques. Ainsi, chaque année, la société gaspille des milliards du fait d'un mode de vie malsain, que l'on suit en mangeant exagérément et en ne s'imposant pas assez de mouvement, en fumant et en buvant de l'alcool, en absorbant trop de médicaments et de drogues, en nourrissant des attentes exagérées de la vie, tout en entretenant l'illusion que la santé n'est qu'une question de technique et qu'elle nous est due.

A côté de la médecine officielle apparaissent de nos jours beaucoup d'autres façons de traiter la maladie : la psychothérapie et les techniques psychologiques les plus variées, l'homéopathie, les cures d'amaigrissement, la nourriture biologique, la médecine globale et les diverses propositions des guérisseurs. Quelques partisans de la médecine globale recourent au modèle, qui, à l'origine, était celui de la médecine antique. Car à la base, la médecine ne se limitait pas au seul traitement des maladies, mais elle impliquait également l'art de conduire une vie saine. Dans l'Antiquité, le secteur le plus important de la médecine était la diététique, qui enseignait l'art de vivre sainement[1]. Ce dernier supposait un juste rapport à la lumière et à l'air, à la nourriture et à la boisson, à l'activité et au repos, au sommeil et à la veille, aux sécrétions et aux éliminations ainsi qu'aux impulsions de l'âme (*affectus animi*), aux sentiments et aux passions. Et ajoutons qu'à l'origine, la médecine était toujours une pratique de nature religieuse. Les médecins prêtaient serment à

---

1. Cf. sur le sujet H. SCHIPPERGES, *Alte Wege zu neuer Gesundheit* (Les Voies antiques d'une santé nouvelle), *Modelle gesunder Lebensführung* (Modèles d'une existence saine), Bad Mergentheim, 1983.

Asclépios (Esculape), le dieu thérapeute, et aux yeux des médecins de l'Antiquité, toute vertu curative émanait des dieux. Le culte divin est une des dimensions de toute vie saine : il est considéré comme une bonne relation avec le créateur du monde.

L'Église a par trop abandonné le corps à la médecine. Elle s'est presque exclusivement préoccupée du salut de l'âme et non de la santé du corps et de l'âme. Le salut de l'âme a été envisagé uniquement sous l'angle surnaturel, c'est pourquoi on a négligé les règles naturelles d'une vie saine. Mais cela n'a pas toujours été le cas. Dans l'Église antique, Clément d'Alexandrie a présenté Jésus comme le véritable Pédagogue, comme l'éducateur qui enseigne l'art de mener une vie saine. Les règles monastiques du IVe au VIe siècle ont été des tentatives pour créer un cadre, dans lequel les moines pouvaient vivre sains de corps et d'âme. La règle de saint Benoît se distingue particulièrement par sa *discretio* (discernement), par la modération pleine de sagesse avec laquelle elle offre l'espace qui revient à chacun des domaines de la vie humaine. La règle bénédictine a intégré ce que la médecine antique avait compris sur la façon saine de mener sa vie. Au Moyen Age, Albert le Grand et Hildegarde de Bingen s'inscrivent dans cette tradition de la vie spirituelle visant à maintenir en bonne santé l'âme et le corps. Tous deux ont traité de la diététique, dans le cadre de leur enseignement religieux, en tant que chapitre de l'ascèse enseignant la vie spirituelle. Ces règles diététiques étaient liées à la pratique de l'ascèse, qui visait à promouvoir une plus grande liberté et une meilleure santé.

Il serait à nouveau du devoir de l'Église de promouvoir et de vivre cette unité du corps et de l'âme, de la santé corporelle et de la vie spirituelle. Non, l'Église ne doit pas abandonner la santé aux seuls médecins et aux seuls psychologues. Depuis toujours, la foi a en soi une dimension thérapeutique. C'est ce que montre bien le Nouveau Testament, dans lequel on voit Jésus guérir de nombreux malades et souligner la vertu thérapeutique de la foi. Mais en fait, ce que nous visons ici est moins le ministère de guérison de l'Église que la « diététique » chrétienne, l'art pour les chrétiens de mener une vie saine, la tâche spirituelle consistant à rechercher la santé de l'âme et du corps. Nous nous soucierons moins du corps en premier lieu, mais nous aurons la préoccupation d'inviter chacun à écouter son corps et ses pulsions, à prendre au sérieux ses réactions et ses perturbations, bref à prêter à son corps toute l'attention qui lui est due, en tant qu'il est expression de l'âme. La vie spirituelle ne se limite pas à l'examen de conscience : elle est l'attention portée à mon corps, qui m'indique mon état intérieur de manière souvent plus vraie que ma conscience.

1

LA MALADIE COMME SYMBOLE

La psychosomatique ne cesse de répéter que les dérèglements de notre corps ne sont pas le fruit du hasard et qu'ils ne sont jamais purement extérieurs, mais qu'ils reflètent quelque chose de la réalité de notre situation, de nos désirs et de nos besoins inconscients, de leur répression et de leur refoulement. Souvent le corps exprime ce que notre âme voudrait bien manifester, mais qu'elle ne s'avoue pas et donc qu'elle refoule. Aussi est-ce une bonne chose que d'être à l'écoute de notre corps, pour apprendre à mieux nous connaître nous-mêmes.

Il existe quatre sources de la connaissance de soi : nos pensées et nos sentiments ; nos rêves, qui sont pour nous une représentation concrète de notre état ; notre corps, qui est l'expression de notre âme ; et notre mode d'activités, à savoir notre comportement, nos habitudes, la maîtrise de notre vie quotidienne, notre travail et le déroulement de notre vie. Seule la prise en compte de ces quatre éléments nous permet de connaître ce qu'il en est de nous-mêmes. La réflexion ne suffit pas à elle seule pour accéder à tous ces domaines. Car nous avons suffisamment de mécanismes qui, au cours de notre réflexion, nous permettent de rejeter ce qui nous est pénible et désagréable. C'est que notre corps est bien souvent plus vrai que le seul examen de notre réflexion. Par exemple, nous croyons que nous sommes libérés de toute ambition et de toute quête d'approbation, alors que la sueur de notre corps et la rougeur de notre visage nous montrent que nous sommes sous tension, parce que nous voudrions donner une bonne impression et que nous recherchons la considération d'autrui.

1. La maladie comme expression de l'âme

La maladie est un symbole par lequel s'exprime notre âme. Or, celui qui comprend le langage symbolique de la maladie se comprend mieux lui-même. Il apprend à connaître ses vrais besoins et ses vrais désirs, en étant à même de voir où et de quelle manière il les refoule. A travers les symboles de la maladie, son corps lui dit ce qu'il en est réellement de lui-même, comment il vit ce tiraillement entre ses pensées et ses sentiments intimes d'une part, et, de l'autre, l'idée qu'il se fait d'une vie comblée. La maladie entend nous délivrer un message important sur notre situation réelle, ce dont nous avons d'autant plus besoin quand nous sommes devenus sourds à la voix de Dieu en notre conscience ou dans nos rêves. Si nous vivons à la surface de nous-mêmes, si nous refoulons les idées qui ne cessent de surgir en nous pour nous dire que ce que nous faisons ne nous convient pas du tout et n'est pas conforme au rêve de notre vie, Dieu doit alors parler un langage plus clair, qu'il ne nous est pas possible de ne pas entendre. Il lui faut, en ce cas, nous dire la vérité sur nous-mêmes et sur notre vie, en recourant à la maladie. Alors nous ferions bien de prêter attention au message que Dieu nous donne ainsi. La maladie pourrait alors devenir une source importante d'une bonne connaissance de soi.

C'est ainsi que notre hypertension peut nous révéler que nous nous trouvons sous pression, sans que nous l'ayons remarqué et sans que nous ayons reconnu la présence de conflits internes. La tension est un signal d'alarme de notre corps qui nous invite à améliorer la façon dont nous nous traitons : il nous faut affronter nos conflits intérieurs et nous devons nous libérer de nos propres prétentions[1]. Tout comme précisément les rêves nous apprennent beaucoup de choses que nous ne pouvons connaître par la seule pensée réflexive, le corps nous donne par la maladie des indications précieuses sur notre façon de vivre. Teegen pense qu'il nous faut considérer les maladies non pas comme des ennemis, mais plutôt comme des partenaires et des amis, « qui peuvent nous faire découvrir ce que jusqu'ici nous n'avions

1. Voir sur tout ce sujet F. TEEGEN, *Ganzheitliche Gesundheit* (Santé globale). *Der sanfte Umgang mit uns selber* (Nous traiter nous-mêmes avec ménagement), Hambourg, 1984, p. 256.

pu comprendre ni réaliser »[1]. Il nous faut donc nous interroger sur le sens de nos maladies. La maladie est un dysfonctionnement corporel qui renvoie à des troubles internes. Teegen nous conseille de commencer un dialogue avec nos troubles : « Que peuvent nous dire ces symptômes de la maladie ? A quel niveau notre façon de vivre est-elle erronée ? Sur quel plan se situent nos troubles ? Qu'avons-nous négligé ? De quoi avons-nous besoin ? Qu'est-ce qui nous ferait du bien ? » Nous pouvons, de fait, nous interroger sur nos symptômes pour leur demander ce qu'ils requièrent de notre part :

> Beaucoup de symptômes sont destinés à influer sur l'environnement et à provoquer des réactions précises. Un symptôme peut être un moyen idéal pour manipuler d'autres personnes, il peut préserver les uns de faire telle chose ; il peut contraindre les autres d'éviter telle autre. Ainsi pouvons-nous par exemple interroger une perturbation qui est en nous : « Qu'est-ce que tu veux m'enlever ? Qu'est-ce que par toi je dois éviter de faire ? » Ou bien encore : « A quoi je te sers ? Que dois-je faire pour toi ? » Si on accepte de conduire ce dialogue, on sera très souvent surpris par les réponses fournies par cette perturbation. En découvrant que l'on peut tirer parti indirectement de ce trouble physique et qu'on en tire même avantage, nous pouvons nous disposer à opérer un changement dans nos modes d'action et servir même directement nos propres objectifs en les rendant moins autodestructeurs.

---

1. *Op. cit.*, p. 245.

Dans nos troubles psychosomatiques, il faut éviter toutefois de nous contenter d'interroger notre propre corps avec notre seule intelligence. Car l'interrogation risque de succomber à la tentation de vouloir trop expliquer, ce qui est souvent ingrat. C'est avec une précaution tout intérieure qu'il nous faut appréhender notre corps comme l'expression de notre âme. Par exemple, nous pouvons poser la main sur l'emplacement où nous avons mal, pour y faire circuler notre souffle et nous concentrer sur cet endroit du corps. Le mieux est alors de fermer les yeux, de faire complètement silence en nous, de bien sentir notre souffle et d'être attentif aux images intérieures qui, à cet instant même, surgissent en nous. Alors, la maladie nous met en liaison étroite avec notre corps. Il arrive en fait qu'une maladie se déclare parce que nous ne lui avons pas prêté attention, que nous ne vivons pas de lui et par lui, mais que nous vivons à sa surface. Alors la maladie est un défi qui nous est lancé, pour que nous nous traitions avec plus d'attention et que nous développions en nous un sens plus aigu de notre corps, en tant qu'expression de notre intimité.

La maladie peut nous amener à découvrir notre zone d'ombre. C'est d'ailleurs souvent ce qu'elle révèle. Elle nous dévoile ce que nous avons exclu de notre vie. En elle se manifeste ce que nous avons voulu éliminer, elle met en lumière ce que nous avons relégué dans notre zone d'ombre et elle nous fait comprendre qu'il nous faut l'intégrer dans notre vie consciente. A ce titre, la maladie est une tentative d'autoguérison. Elle nous préserve d'une dépression, qui se produirait certainement si nous persistions à exclure systématiquement cette zone d'ombre[1]. Voilà pourquoi nous devons envisager la maladie de façon positive. Elle nous présente parfois la solution la plus favorable pour l'instant, « en épargnant le pire à l'intéressé qui se trouve dans ces conditions ». Overbeck l'appelle « une adaptation aux réalités extérieures ou même aux prétentions intimes qui nous accablent momentanément »[2]. La maladie peut nous aider à appréhender et à intégrer des sentiments qui nous ont été jusqu'ici étrangers. Elle peut nous rendre conscients des parties désintégrées de notre personnalité. Grâce à l'élargissement de la perception de soi, elle peut nous faire progresser sur la voie de la maturité. Car il arrive fréquemment que la maladie soit une autodéfense, sans laquelle nous serions dépassés. Les psychologues contemporains parlent en ce sens d'une « maladie, qui provient de l'incapacité à être malade », dont les conséquences peuvent être un effondrement soudain d'une très grande gravité, à savoir un infarctus mortel survenant en pleine force de l'âge, après des

1. G. OVERBECK, *Krankheit als Anpassung* (La maladie comme adaptation). *Der soziopsychosomatische Zirkel* (Le cercle socio-psychosomatique), Francfort, 1984, p. 36.

2. *Ibid.*, p. 38.

années d'apparente santé... « La capacité de pouvoir être malade peut alors nous offrir une protection contre une autodestruction physique et elle peut agir comme un régulateur[1]. » La maladie nous contraint à accepter nos limites et à vivre avec une modération bénéfique et apte à nous maintenir en bonne santé.

Cependant, la maladie ne peut accomplir cette tâche positive que si nous la prenons en considération et tentons de comprendre son langage. Ce que peut bien nous dire une maladie peut fréquemment nous être dévoilé par la simple écoute de la description que nous en faisons par le biais du langage. L'un dit : « Je suis enrhumé », visant par là une blessure morale, à laquelle il répond par une allergie. Un autre affirme qu'il s'est laissé contaminer. Quelqu'un l'a froissé et il désirerait qu'on lui laisse la paix. Un autre encore dit qu'il a pris froid, désignant ainsi la froideur qu'on lui témoigne. Il se sent transi ; il grelotte dans l'atmosphère glaciale de son entourage[2]. Si je décode le message de ma maladie, je comprends mieux ma situation actuelle et je suis à même de tenter de vivre avec plus d'authenticité et de vérité.

Les causes les plus fréquentes de l'origine des maladies sont l'inhibition de l'agression, du plaisir

---

1. *Ibid.*, p. 50

2. *Ibid.*, p. 41.

et du besoin. Nous devenons malades parce que nous négocions mal nos agressions, nos désirs de plaisir et nos besoins. Une ascèse mal comprise, largement répandue chez les chrétiens, est souvent responsable de ces inhibitions. On s'interdit les plaisirs et on se refuse à satisfaire ses besoins. Or, quand on le nie, un besoin peut prendre ce droit de façon plutôt occulte dans la maladie. Prenons l'exemple d'une femme qui se dévoue à sa famille à longueur de journées et qui refuse de faire droit à son besoin d'affection et de tendresse : elle peut recourir de façon inconsciente à la maladie pour obtenir la satisfaction de son besoin. Le mari doit alors se soucier de son épouse et les enfants doivent cesser de tout exiger de leur mère. On l'entoure de sollicitude et on lui témoigne des égards. De façon cryptée, cette femme a fait connaître à sa famille ce double besoin d'affection et de repos, comme prioritaire par rapport à tout ce que son entourage attendait d'elle.

Pour bien des personnes, la maladie demeure la seule issue pour exprimer leur désir d'affection ou encore leur solitude. A cet égard, elle peut être d'un grand secours. Quand une femme ne parvient pas à s'imposer à son mari et qu'elle ne peut se faire entendre de lui, il lui reste soit le retrait résigné, ou bien la maladie, pour exprimer son énergie intérieure et la manifester vis-à-vis de son mari. Alors celui-ci ferait bien de réagir positivement à l'expression de cette agression. Car de plus, la maladie d'un membre de la famille indique toujours la situation de l'ensemble de la famille. Elle est le miroir dans lequel les autres membres devraient eux aussi se regarder ; cette attitude est préférable à celle qui consiste à se contenter de plaindre le malade, pour le considérer comme le point névralgique de la famille.

Il faudrait justement éviter, dans ces maladies psychosomatiques, de chercher à mettre la faute sur le malade en se demandant où sont ses problèmes psychologiques. Mais sa maladie devrait offrir l'occasion d'un examen de conscience. En quoi suis-je responsable de sa maladie ? Me suis-je comporté à son égard de façon telle qu'il ne lui restait plus d'autre issue que de tomber malade pour me montrer ainsi ses réels besoins, que jusqu'ici je n'ai pas vus ? Et il me faut m'interroger sérieusement, pour savoir si dans mon entourage, d'autres personnes tombent malades et pourquoi. Dans une famille, la femme tombe souvent malade quand elle n'a aucune possibilité de vivre ses aspirations. La maladie du mari peut aussi dire quelque chose sur sa relation avec sa partenaire ou sur la situation de la famille. Souvent, la maladie de l'un peut être une bonne thérapie pour l'autre. Elle contraint à développer en soi ce que jusqu'ici on n'avait pas perçu. Ainsi, la maladie d'une femme peut conduire son mari à lui témoigner de la tendresse dont il l'avait privée jusque-là à cause de son activisme. Naturellement, il existe aussi des maladies qui sont un abus de puissance, du chantage et de la tyrannie. En pareil cas, j'impose à autrui mes règles du jeu. Si à chaque discussion je réagis par un mal de tête ou une éruption cutanée, j'impose à autrui mon opinion. Ou bien encore, quand un père qui est exposé au risque d'un infarctus ne tolère plus aucune divergence d'opinion sous prétexte que cela pourrait l'irriter, sa maladie devient tyrannique.

Entendre le message de la maladie voudrait dire : se réconcilier avec ses zones d'ombre, avouer ses besoins non reconnus, et les vivre d'une façon raisonnable. Quand je reconnais un besoin, je dois savoir comment m'y prendre, de sorte que les autres puissent également l'accepter. Toutefois, dans la maladie, le besoin dénié peut devenir un moyen de pression aux effets destructeurs, non seulement sur vous, mais sur votre entourage. La maladie serait en quelque sorte un appel à accepter nos zones d'ombre et à mieux savoir satisfaire nos besoins. Mais elle est aussi un défi à une vie commune nouvelle, où l'un offre à l'autre plus d'espace dans la satisfaction de ses besoins, où chacun peut prendre la parole pour dire ses souhaits et ses désirs. Dire que la maladie d'autrui s'explique par des raisons psychiques n'avance à rien. C'est comme une condamnation à mort : le malade serait seul responsable de tout. Il me faut bien plutôt voir dans la maladie de l'autre une question posée à notre vie commune. La maladie peut me dessiller les yeux sur les besoins réels de mon conjoint. Et s'il m'arrive de poursuivre ma vie en restant aveugle, Dieu doit m'envoyer la maladie, ou bien à moi-même, ou bien à mon partenaire, afin de nous ouvrir les yeux sur notre situation effective.

Une autre façon de nous interroger sur le message de notre maladie est de sentir concrètement la perturbation dont nous souffrons, ce qui nous fait entrer en contact avec nous-mêmes. Il ne s'agit pas de se débarrasser au plus vite de notre maladie, mais de nous efforcer de la bien comprendre. Cette compréhension s'instaure quand nous nous

> détendons, que nous fermons les yeux et que nous prenons conscience de l'intérieur des troubles physiques que nous ressentons. Les perceptions et les images qui surgissent alors sont souvent liées à des sentiments, à des souvenirs et à des idées. En facilitant l'émergence de ces images internes, des expériences de la vie redeviennent alors d'une présence sensible[1].

A titre d'exemple, voici les exercices que l'on a proposés à des hommes et à des femmes souffrant de maladies de la peau :

> Fermer les yeux – se détendre – percevoir sa peau – sentir sa peau du dedans (s'en imprégner) – parler en lieu et place de sa peau.
>
> A tous les participants, leur peau avait quelque chose à leur dire. Elle s'est manifestée comme un avertissement, un signe d'alarme et un support : ses rappels étaient plus ou moins amicaux.

---

1. F. Teegen, *op. cit.*, p. 72s.

Un homme âgé de trente-quatre ans, qui souffrait depuis vingt ans de psoriasis au cou, au cuir chevelu et aux avant-bras, perçut ce message : « Nous te rendons attentif au fait que tu ne traites pas bien ton corps, tu l'accables, cette situation est malsaine et tu devrais changer cet état de choses au plus vite, sans te dérober aux décisions à prendre et à de nouvelles possibilités à entrevoir. Nous veillerons à ce que tu ne te laisses pas stresser ni accaparer, que tu y trouves ton intérêt et que celui-ci soit reconnu aussi par des amis[1]. »

Au début, les participants ont trouvé cette façon d'entrer en contact avec eux-mêmes quelque peu ridicule, mais après la séance, ils furent impressionnés par l'intensité de ce qu'ils venaient de vivre et ils se mirent à poursuivre le dialogue avec leur peau, pour mieux connaître leurs besoins intérieurs[2].

Si l'on ressent ces symptômes de l'intérieur, il suffit de se rendre attentif aux images qu'ils suggèrent. Nous voyons d'ailleurs souvent avec évidence ce qui se masque derrière la maladie. Ainsi une allergie peut-elle nous indiquer notre refus d'affronter telle situation dans notre vie, tout en niant notre résistance inconsciente et sans en tirer les conséquences. En même temps, une allergie peut survenir tout à fait naturellement. Mais même dans ce cas, il serait erroné de se dire : « Je n'y peux rien c'est congénital ! » Car en cas d'allergie congénitale, il

---

1. *Ibid.*, p. 76s.
2. *Ibid.*, p. 78s.

me faut justement m'en préoccuper. Qu'est-ce que je peux faire contre cette allergie et contre ce handicap ? Quels en seraient le message et le défi ? Si je suis affecté d'une telle allergie, je peux d'une part m'interroger sur mes réactions de défense internes, et de l'autre me demander si je dois en même temps me conformer aux prescriptions que m'impose le régime pour faire disparaître l'allergie. La discipline qu'on exige de moi me fait déjà du bien à l'âme. Car de cette façon, je me prends moi-même en main et j'en tire parti. Ce qui compte, ce n'est pas la guérison de l'allergie. Peut-être subsistera-t-elle de façon permanente et elle me forcera à la traiter, elle et son environnement, avec sollicitude, sans me défendre continuellement, mais en l'acceptant comme donnée par Dieu.

Beaucoup de maladies, que l'on considère comme psychosomatiques, résistent à toute thérapie. Les symptômes ne disparaissent pas, bien que leurs causes psychiques aient été dévoilées et que l'on ait pu tolérer et exprimer les besoins réprimés. Nous ne devons pas penser que nous avons échoué et que notre problème est tout simplement trop profond. Il ne s'agit pas de se limiter à combattre le symptôme et d'en faire une fixation. Peut-être le symptôme voudrait-il nous apprendre à mener une vie d'une plus grande intensité. Le symptôme peut persister jusqu'à notre mort. Mais vivre avec lui et lui prêter attention peut rendre plus mûr et plus avisé, tout en faisant découvrir la richesse de son âme. C'est que la thérapie ne nous conduit pas toujours à la guérison du symptôme, mais elle peut nous conduire à la guérison de l'âme. La maladie devient alors le chemin qui conduit vers elle et l'invite à vivre d'autres dimensions. Et elle peut devenir un accompagnement permanent, qui ne cesse de nous indiquer notre humanité. Si, par exemple, nous voulons absolument nous libérer d'une toux d'origine psychogène, nous n'y parviendrons pas. Notre toux persistera et reviendra sans cesse. Il nous faudra d'abord nous réconcilier avec elle, nous mettre à son écoute et nous demander contre quelles agressions nous nous regimbons inconsciemment, ce que nous comprimons à travers elle et contre qui nous aimerions « cracher » de préférence. Il serait important d'accepter cette toux comme un rappel qui m'oblige sans cesse à sortir de mon emprisonnement. Le discours et la cérébralisation ne suffisent pas. Nous devons défouler nos agressions et ce qu'elles comprennent de désir masqué de vie, de liberté et d'autonomie. Nous pourrions faire quelque chose d'insensé, par exemple briser une branche, et ce faisant, briser tous les jougs qu'autrui fait peser sur nous. C'est bien ce que les prophètes ont fait en posant de tels signes, non seulement pour attirer l'attention sur l'action de Dieu, mais aussi pour expérimenter eux-mêmes l'action libératrice de Dieu qu'ils comportaient.

La maladie nous impose des obligations que nous devons remplir avec persévérance. Mais il peut se faire que le symptôme demeure, une fois que nous avons fait ce que nous devions faire. Voilà que tout d'un coup, il n'est plus aussi grave à nos yeux que nous continuions à tousser. Malgré tout, nous nous sentons libres. D'ailleurs, on peut espérer qu'un jour la toux disparaîtra, mais en attendant, nous pouvons continuer à vivre avec ce handicap. Nous n'avons plus à apprécier notre état en fonction de sa persistance ou de sa disparition. Ce qui compte désormais, c'est qu'il nous rappelle constamment notre devoir : c'est-à-dire de vivre cette liberté qui est la nôtre et que nous avons reçue de Dieu, également dans notre rapport aux autres, et de nous consentir le plaisir de vivre. Dans notre comportement vis-à-vis des symptômes de la maladie, nous avons besoin d'une bonne dose d'humour. L'humour nous délivrera d'une part de l'angoisse, qui provient de la volonté à tout prix de nous libérer de nos symptômes, et de l'autre de l'illusion qu'engendre l'idée de perfection, selon laquelle une vie parfaitement honnête devrait obligatoirement être une vie en pleine santé.

Une femme, atteinte de crises d'asthme dans lesquelles elle voyait l'image de son étouffement familial, avait travaillé sur elle-même et était parvenue à une grande liberté intérieure. Mais l'asthme persista tout de même. Il serait exagéré de dire qu'elle n'avait pas peut-être pas encore réglé correctement son handicap, que cette persistance montrait qu'elle se sentait toujours prisonnière et oppressée. Mais je ne m'autoriserai pas à mettre en cause son sentiment intérieur, et à la soupçonner d'y avoir trouvé un moyen de défense. Si je faisais cela, je serais injuste envers cette femme. Il peut se faire que ce symptôme persiste encore longtemps, qui sait, jusqu'à sa mort ? Il pourrait alors être un compagnon bien utile qui lui rappellerait efficacement en quoi consiste la vraie liberté. Quand la nuit, il lui arrive de subir une crise, il l'aide à se lever, à travailler et à expédier les affaires courantes. Elle a donc déjà trouvé une voie qui lui permet de vaquer à des tâches positives. Mais elle pourrait encore apprendre à voir dans sa crise d'asthme l'invitation à se lever pour prier et à se tenir devant Dieu, les bras étendus, dans l'attitude de l'orante, découvrant ainsi une autre dimension dont Dieu la gratifie, dimension qu'aucun homme ne peut lui ravir. De cette manière, elle pourrait se familiariser avec son asthme. Ce serait pour elle de façon permanente un appel divin à ne pas se contenter, la nuit, de dormir, mais de veiller et de prier. Cela ferait du bien à son âme et à son corps. Et n'allons pas croire que cette femme devrait obligatoirement guérir de son asthme. Pourquoi en fait ? Peut-être, avec son asthme, est-elle bien plus vivante. Peut-être vit-elle ainsi une richesse intérieure plus intense. Sa maladie est pour elle un rappel divin, par lequel Dieu l'encourage à se jeter dans ses bras et à vivre en lui sa liberté. Si elle accueille son asthme avec gratitude, il la conduira vers la maturité humaine, et vers la richesse spirituelle, à laquelle elle ne pourrait peut-être pas parvenir sans lui.

2. *La maladie comme chance*

Un coup d'œil sur le Nouveau Testament nous fait comprendre que nous ne devons pas seulement considérer la maladie comme un symbole de notre état intérieur, mais encore comme la réalité à travers laquelle Dieu veut nous témoigner sa gloire et sa grâce, et veut nous atteindre nous-mêmes. Les récits de guérison des Évangiles synoptiques peuvent nous aider à nous reconnaître nous-mêmes dans ces maladies qui sont décrites. Le paralysé du chapitre 2 de Marc est la figure de nos paralysies internes, le lépreux est la figure de notre incapacité à nous accepter nous-mêmes, de sorte que ce qui est refoulé en nous sort par notre épiderme, nous rend lépreux. Jésus guérit toujours des maladies psychosomatiques, des maladies dans lesquelles nous pouvons voir à juste titre une figure de notre état psychique.

Dans les malades dont nous parle la Bible, notre état psychologique s'est, en quelque sorte, somatisé. Et dans notre rencontre avec Jésus, peuvent être guéris tous les comportements qui sont déficients en nous, ce que décrit la Bible dans les formes les plus diverses de la maladie : nos paralysies et nos blocages, notre aveuglement, ce qui en nous est ankylosé et nécrosé, notre incapacité à nous accepter nous-mêmes, notre surdité et notre aphasie, expressions de notre déficit d'authentique communication, ce qui en nous est raide et flétri, et aussi notre peur de vivre.

Mais dans l'Évangile de Jean, nous trouvons encore un autre point de vue, de nature à relativiser l'intelligence psychosomatique de la maladie, aujourd'hui courante, pour la remettre en question. Au chapitre 9, Jean rapporte la guérison d'un aveugle-né. Les apôtres demandent à Jésus qui a péché pour qu'il soit né aveugle, lui ou ses parents. Ils croient donc que la maladie est toujours la conséquence d'un péché. En réalité, ils entendent la maladie comme les tenants de la psychosomatique. De nos jours, on se contente de déplacer la faute du niveau moral au niveau psychologique. Nous pensons que tout malade a refoulé quelque chose ou qu'il a un complexe de nature psychologique, provenant d'une mauvaise éducation ou d'un milieu familial maladif. Aussi juste que puisse être ce point de vue, il devient dangereux de s'en tenir exclusivement à cette seule explication, car elle entraînerait chez le malade une mauvaise conscience. Nous lui laisserions croire alors qu'il a des problèmes psychologiques, qu'il n'aurait qu'à reconnaître. Mais ce faisant, nous pourrions être très injuste à son égard.

Jésus rompt avec cette explication de nature morale et psychologique de la maladie. Il déclare : *Ni lui si ses parents n'ont péché, mais c'est pour que l'action de Dieu soit manifestée*[1]. Ainsi donc, la maladie peut revêtir une autre signification que celle de nous renvoyer à nos problèmes psychologiques. Elle est à même de devenir un lieu où l'agir de Dieu se manifeste en nous et où la gloire divine resplendit. Il ne faut pas s'interroger avec anxiété sur chacune de nos maladies pour chercher à savoir ce que nous avons mal fait et ce que nous avons pu refouler en nous. Cette recherche des causes psychologiques peut devenir inhumaine. Car nous serions alors acculés à vivre en permanence dans l'angoisse que les autres puissent percevoir nos problèmes à travers notre maladie, et que celle-ci révèle à tout le monde nos refoulements. La maladie nous exposerait aux regards d'autrui, nous faisant ainsi la proie des tests d'interprétation psychologique, livrés à la curiosité des psychologues amateurs, ce qui reviendrait à nous priver de notre dignité humaine. Le point de vue de Jésus sur la maladie est assurément plus humain et plus libérateur. Sans doute la maladie peut-elle être une figure de notre situation intérieure, mais pas forcément. Elle peut aussi être simplement le lieu où Dieu peut nous rencontrer corporellement et où il aimerait nous toucher de sa main pleine de bonté.

---

1. Jn 9, 3.

La question se pose ici de savoir de quelle façon les œuvres de Dieu se manifesteront à nous à travers notre maladie. Dans le chapitre 9, l'action de Dieu se révèle dans la guérison de l'aveugle-né, c'est-à-dire dans l'élimination de sa maladie. La maladie me fait découvrir mes limites et ma fragilité. Il ne va pas de soi que je me porte bien. Au contraire, la maladie me montre de façon beaucoup plus concrète ma situation vis-à-vis de Dieu : je dépends de son secours et de sa grâce. Dieu peut me redonner la santé : elle est un don de Dieu et non pas mon propre mérite. La maladie me démontre que je n'ai aucun droit à la revendiquer, mais que toute vitalité est toujours une grâce divine.

Dieu peut agir envers moi dans la maladie en me guérissant, mais aussi en appelant mon attention sur la réalité effective. Comment se présente ma vie, qu'est-ce qui lui confère de la valeur et qu'est-ce qui compte en définitive dans ma vie ? La maladie me fait découvrir que la réalité effective n'est ni ma force ni ma santé, ni mes résultats ni la durée de mon existence, mais la disponibilité à Dieu. L'essentiel n'est pas tout ce que je peux faire valoir, en exhibant ma force, en rappelant toutes les personnes que j'ai secourues ; mais il s'agit seulement de montrer que je m'en suis remis à Dieu, que je me tiens à sa disposition, que je me tiens devant lui, que je lui laisse le soin de décider ce qu'il veut de moi, ce qu'il entend réaliser en moi et pour tout le temps qu'il désire à travers moi proclamer sa parole. L'essentiel est pour moi d'être disponible à Dieu, à son amour et à sa miséricorde, à sa bonté et à sa philanthropie. Si, par moi, la lumière divine resplendit quelque peu en ce monde et que je communique de la clarté et de la chaleur, cela suffit. Ensuite, il importe peu que Dieu rayonne dans ma vie par la santé ou dans la maladie, dans la force et la faiblesse : notre tâche se limite à nettoyer notre lampe de toute poussière, afin que la lumière de Dieu puisse briller à travers elle. Or, la lumière divine peut briller à travers un corps malade, parfois même de façon plus intense qu'à travers un corps en bonne santé. Dans la maladie, nous sentons bien que cela ne dépend pas de nous et de notre énergie physique, mais bien de la lumière et de l'amour divins, qui cherchent à rayonner en nous, afin qu'à travers nous d'autres personnes de notre entourage en fassent l'expérience.

Il serait erroné de croire qu'une bonne hygiène de vie et une bonne vie spirituelle pourraient nous assurer une bonne santé. Il nous faut compter avec l'éventualité de la maladie. Elle fait partie de notre condition humaine. Naturellement elle est un déficit, quelque chose qu'il nous faut surmonter. Mais nous sommes précisément des humains et nous avons à ce titre des défauts et des déficiences et c'est inévitable. Ne pas accepter la maladie, cela revient à refuser d'assumer notre humanité.

Qui voudrait refouler son état de malade enlève à sa qualité d'être humain les fondements de son être. Si l'on croit pouvoir bannir la maladie, on fait preuve d'inintelligence envers la vie. C'est à l'occasion de sa maladie que Job est entré en dialogue avec Dieu et qu'en finale, il a reçu le double de ce qui lui avait d'abord été enlevé[1].

La maladie est une crise à laquelle nous succombons, en vue de renouveler et d'améliorer les fondements de notre vie. Elle nous ébranle, en vue de nous restaurer, afin de faire de nous des hommes de Dieu, qui laissent briller la lumière divine. De la crise jaillit la lumière. Des hommes qui croiraient éviter à jamais toute crise ne seraient pas des êtres humains créés à la ressemblance de Dieu[2].

Maladie et santé vont de pair : elles sont les deux faces d'une même réalité. Le Christ est venu pour nous racheter et nous guérir. Seul celui qui a ressenti le malheur fait l'expérience de ce qu'est le salut. Aussi ne devons-nous pas immédiatement réagir avec mauvaise conscience et des sentiments de culpabilité quand nous tombons malades ou que nous le sommes déjà. Il nous faut au contraire en tirer parti, pour assumer notre condition humaine. Nous sommes des hommes, qui dépendons du salut divin et qui ne pouvons pas nous sauver par nous-mêmes. La meilleure hygiène de vie ne peut empêcher, à elle seule, que nous tombions malades.

---

1. F. Weinreb, *Vom Sinn der Krankheit* (Le Sens de la maladie), Weiler, 1979, p. 5.

2. *Ibid.*, p. 66.

Mais si nous considérons la maladie comme une crise, qui cherche à nous dessiller les yeux pour les ouvrir à la réalité véritable, elle est en même temps une chance, qui peut nous rapprocher de Dieu. Notre tâche est de refléter le salut de Dieu par notre bonne santé. Les commandements, donnés par Dieu dans l'Ancien Testament, sont des chemins destinés à nous conduire à une vie saine. Et toutes les règles de vie ascétiques et diététiques de la tradition chrétienne tendent à nous enseigner l'art de vivre en bonne santé. Notre devoir est d'observer ces règles et de nous efforcer de bien nous porter. Mais en même temps, il nous faut sans cesse nous réconcilier avec la maladie et avec le fait que nous ne sommes pas parfaits ; la santé ne résulte pas seulement de nos efforts, mais elle est également un don : elle n'est pas en notre pouvoir et nous ne pouvons en décider seul. Et l'humilité, avec laquelle nous acceptons cette vérité, fait partie de notre humaine condition : en effet, nous sommes des humains faillibles, des pécheurs, dépendants de la grâce et de la miséricorde de Dieu.

La maladie nous oblige à ne pas nous définir par rapport à nous-mêmes et à notre énergie ou à notre santé, mais par rapport à Dieu. Qu'est-ce qui fait notre valeur ? Dans la maladie, nous nous heurtons à l'impossibilité de nous construire par nos seules forces naturelles. Notre valeur réside dans le fait que nous sommes les enfants de Dieu, que nous sommes aimés par lui et qu'il demeure en nous. Si à l'extérieur la demeure de notre corps est toujours falote et qu'elle menace ruine, il nous faut alors nous replier dans nos chambres intérieures, où Dieu lui-même demeure en nous. Le château de l'âme dont parle Thérèse d'Avila ou la cellule intérieure de Catherine de Sienne, notre espace pour Dieu en nous, ne peut être détruit. La maladie serait alors une chance pour nous tourner vers ces espaces intérieurs, afin de nous définir à partir d'eux.

Beaucoup de gens sont malades depuis leur naissance. Leur suggérer que quelque chose ne va pas dans leur psyché serait au plus haut degré malvenu et profondément blessant. Ils n'ont pas choisi leur constitution. Pour eux, la maladie est une tâche spirituelle permanente. Elle les oblige à prêter attention à leur corps. Elle se manifeste de façon constante et elle ne se laisse pas maîtriser comme ils le voudraient, leur imposant des limites étroites. Aussi le malade est-il affronté de façon permanente à sa fragilité humaine. Cela peut être très pénible de se sentir exclu du club des bien portants. En ce cas, il est difficile de croire à sa valeur personnelle. Mais alors, la maladie offrirait précisément la chance de comprendre sa propre vie dans sa signification la plus profonde. Cette blessure est peut-être le moyen par lequel Dieu touche le malade, entre en contact avec lui. Elle est en ce cas la porte d'entrée de la grâce divine et source de bénédiction pour le malade et pour beaucoup d'autres.

Le cœur transpercé de Jésus est un symbole : sa blessure est pour nous une source de vie. De ses plaies ont jailli le sang et l'eau, déversés sur le monde entier, signes des sacrements et signes de l'Esprit. Jésus guérit les hommes non seulement par ses actes, mais d'abord et avant tout par ses plaies. C'est pour nous le signe que nous devons renoncer à une lutte qui serait vaine : vouloir guérir nos blessures dans tous les cas, nous en libérer ou les cicatriser. Nos plaies peuvent demeurer ouvertes. Il nous faut nous réconcilier avec elles et les considérer comme la porte d'entrée de Dieu et comme le point de contact de son amour. Alors la maladie nous rendra intérieurement plus vivants et plus éveillés. Elle sera comme un rappel permanent de Dieu. Jacob, on le sait, en a fait l'expérience quand il a rencontré Dieu de nuit et qu'il a lutté avec lui. Cette expérience qui a été la plus vive de toute son existence, s'est achevée par la blessure que Dieu lui a faite à la hanche. C'est à la suite de cela (Gn 32, 23-33) qu'il s'est mis à boiter. Sa hanche blessée reste à jamais pour lui le rappel de sa rencontre nocturne avec Dieu, dans laquelle Dieu l'a béni et a fait de lui le père des Israélites. Précisément, c'est Jacob blessé qui devint Israël, celui qui avait lutté avec Dieu, source de bénédiction pour toute l'humanité.

En fait, la maladie n'entend pas seulement nous rappeler Dieu, mais encore nous inviter à la vie, telle que Dieu l'a pensée pour nous. La maladie ne doit pas correspondre à un retrait de la vie, ni à un refuge dans la vie intérieure, elle est avant tout un appel à vivre. Du reste, elle se développe généralement à partir d'une vie mal vécue, à la suite d'agressions mal assumées, de plaisir dénié et de besoins non tolérés. Si je ne suis pas parvenu à trouver la voie idoine qui me permet de me démarquer des agressions d'autrui, si je n'ai pu trouver le juste équilibre entre proximité et distance, un tel refoulement peut me conduire à la maladie. Ou bien, quand je ne trouve pas la forme adaptée, convenant au plaisir que je voudrais m'accorder, je dois m'attendre à connaître la maladie comme expression de cette inhibition. Ce refus du plaisir me pousse à m'accorder tout de même ce plaisir par des voies secrètes. La maladie est alors un appel de Dieu à apprendre le plaisir de vivre. Car toute vie implique une saine mesure d'agression, qui, elle, implique un abri pour me protéger d'autrui. Il existe une culture de l'Éros qui me permet de jouir du plaisir et en même temps de vivre ce plaisir en toute transparence à Dieu. Dieu peut nous introduire dans la maladie pour lui, en nous ouvrant, par la restriction de notre vie extérieure, la voie à la richesse intérieure. Ce faisant, c'est bien lui qui nous encourage à mener une vie mieux remplie, dans nos rapports avec les agressions, le plaisir et nos besoins.

Nombreux sont les saints qui ont vécu la maladie comme un double appel de Dieu à intensifier leur vie intérieure et extérieure. La maladie a fait d'eux des mystiques, mais en même temps elle les a poussés à des actions grandioses et à une vitalité étonnante. On peut illustrer cela par trois exemples : Hildegarde de Bingen est passée par toutes les phases d'une grave maladie et pourtant elle a rédigé des ouvrages de grande qualité sur la façon de mener une vie saine et découvert les rapports entre l'âme et le corps. Or, c'est bien la maladie qui a fait d'elle une prophétesse au rayonnement considérable : après l'avoir entendue prêcher, des villes entières ont fait pénitence. La maladie ne l'a pas empêchée de vivre, bien au contraire, elle l'a rendue capable de susciter la vie par la prédication. Elle l'a rendue sensible aux beautés de la musique : Hildegarde a rédigé d'admirables livres sur la nature et composé une musique sublime, qui aujourd'hui encore rend compte de sa vitalité.

Quant à Bernard de Clairvaux, il a été l'homme le plus célèbre de son temps. Il a fasciné de nombreux jeunes gens qui l'ont suivi au monastère. Par ses sermons, il a secoué les hommes de leur torpeur et ébranlé tout l'Occident. Il fut un Abbé, un prédicateur, un mystique et un conseiller politique remarquable, or son état de santé a été en permanence chancelant : il fut toute sa vie un malade et un homme de constitution malingre.

Enfin, Thérèse d'Avila rapporte des choses semblables sur son propre compte. En dépit de sa maladie elle a réformé le Carmel d'Espagne, elle s'est imposée à la hiérarchie et a fondé de nombreux monastères. Et malgré les fatigues extrêmes dont elle a souffert durant ses nombreux voyages, elle a écrit des livres qui comptent dans la littérature espagnole classique, et qui, par leur profondeur spirituelle, ouvrent des perspectives à quiconque s'engage dans la voie mystique.

Ces trois exemples visent seulement à illustrer le fait qu'il ne faut pas nous hâter d'assimiler maladie et déficiences psychiques. Un homme malade physiquement peut être psychologiquement sain, en mesure de réaliser de grandes choses. Mais l'inverse est également vrai : une vie intellectuelle et spirituelle saine ne peut nous assurer la santé physique. Cependant, nous sommes bien quelque peu responsables de notre santé. C'est par une hygiène de vie que nous pouvons la promouvoir. Et quand nous tombons malades, nous devons nous demander ce qui est malade dans notre âme ou bien à quel niveau nous ne vivons pas de façon saine, à quel niveau nous réprimons nous-mêmes notre vie en refoulant nos agressions, notre plaisir et nos besoins. La maladie nous offre une chance pour nous aider à nous connaître nous-mêmes en toute honnêteté. Par elle, nous découvrons ce qui nous manque réellement. Les symptômes de la maladie sont des signes de notre état psychologique. Nous avons d'ailleurs besoin de la maladie pour nous connaître nous-mêmes, car aucun d'entre nous n'est en soi d'une telle honnêteté qu'il puisse se voir en totalité. Trop aisément, il nous arrive d'être victimes de mécanismes internes de refoulement. C'est le corps qui nous contraint à découvrir ces refoulements. Ils deviennent alors visibles et n'échappent plus à notre conscience. Il faut en être reconnaissant, car sinon nous ne nous connaîtrions pas vraiment et nous ne trouverions pas la juste mesure dont nous avons besoin pour vivre en bonne santé. Cette notion de la maladie a son importance également pour les communautés monastiques. En effet, la plupart du temps, on ferme les yeux sur le message réel de la maladie, sur celui que communique la situation interne du malade, ainsi que sur l'état de la communauté qu'il exprime. On se contente de réagir médicalement et on passe à côté de la chance que nous offre cette maladie, à savoir la chance d'une spiritualité plus saine, qui rend chacun sain, et la chance aussi de créer un climat communautaire favorable à la guérison.

Mais la notion psychosomatique de la maladie n'est pas et ne doit pas être exclusive. Souvent nous ne pouvons rien faire d'autre que de nous réconcilier avec la maladie, en l'acceptant comme un rappel de Dieu et de notre dépendance vis-à-vis de Lui. Car la maladie offre la chance de pénétrer dans la profondeur de soi-même, en ce lieu où Dieu en personne demeure en nous, là où ni les maladies psychologiques ni les maladies physiques n'ont accès. En ce lieu tout est vraiment sain. Au cœur même d'un corps malade, voire au cœur même d'une âme malade, Dieu habite. Voilà ce qui constitue notre dignité. La maladie nous contraint à nous définir à partir de ce lieu où Dieu demeure en nous. Et c'est ce qui nous conduit à de nouvelles dimensions de notre être. Elle nous fait pressentir ce qu'est le mystère de notre vie : nous sommes des pèlerins toujours en marche vers Dieu et il n'y a pas de comparaison entre, d'une part, la mesure de notre santé, celle de notre maladie et la durée de notre existence, et d'autre part, l'infini de Dieu. L'essentiel est que Dieu nous ait appelés par notre nom et que nous soyons en marche vers Lui, afin de trouver en Lui la plénitude de tous nos désirs.

2

LA DIÉTÉTIQUE, SCIENCE D'UNE VIE SAINE

La médecine grecque considérait que sa tâche principale était d'enseigner un style de vie sain. La santé du corps passait aux yeux des Grecs pour la condition naturelle de la vie intellectuelle et spirituelle. Ils comparaient l'intervention du médecin à celle d'un pilote, dirigeant avec prudence le bateau de l'homme à travers les récifs de la vie. Le médecin édicte les règles qui permettent de mener une vie saine et il nous accompagne comme un pilote dans le voyage de la vie. Ce n'est que si nous n'observons pas ses règles qu'il lui faut traiter la maladie d'après la science médicale, dont il est le spécialiste. Toutefois, la guérison de la maladie n'est que la tâche secondaire de la médecine.

Herodikos de Selymbria (Ve siècle avant notre ère), qui passe pour le fondateur de la science de la santé, qu'on appelle la diététique, soutient l'opinion suivante :

> On a la santé quand le corps est en rapport avec un mode de vie conforme à la nature ; en revanche on tombe malade quand son comportement est contre nature[1].

---

1. H. SCHIPPERGES, *Alte Wege zu neuer Gesundheit* (Voies antiques d'une santé nouvelle), Bad Mergentheim, 1983, p. 20.

Hippocrate a développé ensuite la diététique dans son livre *Les Règles du régime salutaire*. L'homme doit non seulement prêter attention à son corps, mais il doit respecter aussi son environnement, s'il veut vivre en bonne santé. Dès lors, la diététique a été au centre de la médecine jusqu'à la période du haut Moyen Age.

Mais les médecins ne sont pas les seuls à exiger un mode de vie sain, théologiens et guides spirituels font de même. La scolastique ne cesse de parler de *ordo* et de *regula*, de la règle selon laquelle l'homme devrait vivre. Ce sont deux notions clés du comportement recommandé au Moyen Age[1]. Hildegarde de Bingen, la grande mystique, écrit des ouvrages sur la médecine en se référant à la diététique de l'Antiquité. Elle aussi associe la science grecque de la santé aux maximes de la règle bénédictine. En expliquant celle-ci, Hildegarde expose

> une science de la santé, qui associe la Règle – ce livre fondamental de la vie en communauté – aux théories les plus profondes de Galien sur l'homme intérieur et extérieur. C'est à cela que sont destinés la nourriture et la boisson, l'exercice et le repos, l'habitat et le vêtement, ainsi que de façon générale l'organisation fondamentale de la vie, d'après la maxime bénédictine *Ora et labora*[2].

---

1. *Ibid.*, p. 64.
2. *Ibid.*, p. 64.

Elle souligne avant tout la *discretio* (le discernement) comme principe décisif d'une conduite saine de la vie. La *discretio* est la vertu principale de l'Abbé en tant que père spirituel. Ce qui vaut pour la spiritualité vaut aussi, selon Hildegarde, pour une vie saine du corps et de l'âme. Et elle ne cesse de requérir de ses Sœurs la juste mesure dans le rapport à la lumière et à l'air, à la nourriture et à la boisson, au travail et au repos, au sommeil et à la veille. Sa diététique est intégrée dans ses consignes spirituelles et dans sa mystique. Pour Hildegarde, il existe un rapport étroit entre la vie spirituelle et un style de vie sain. Et elle fournit des indications très pratiques, comme par exemple :

> L'homme ne doit pas aller se coucher tout de suite après son repas, avant que le goût, le suc et l'odeur des aliments ne soient parvenus à leur place. Au contraire, il doit attendre un certain temps avant d'aller dormir après son repas, de peur que, s'il s'endormait tout de suite, son sommeil ne conduise le goût, le suc et les odeurs des aliments dans des lieux inadaptés, dispensant çà et là dans les veines une sorte de poussière[1].

Assurément, nous ne suivrons pas Hildegarde dans sa théorie sur le fonctionnement du corps humain. Mais ce que nous pouvons apprendre d'elle, c'est associer notre vie spirituelle à un régime de vie

---

1. *Ibid.*, p. 70. Cf. HILDEGARDE DE BINGEN, *Les Causes et les Remèdes*, présentation et traduction par Pierre Monat, édition J. Millon, 1997 [NdT].

sain, c'est prendre au sérieux, comme elle, notre corps et notre âme et enfin respecter le principe scolastique selon lequel la grâce ne supprime pas la nature, mais la présuppose (*gratia supponit naturam*).

Selon Galien, la diététique englobe les six *res naturales* : 1. *Aer* (la lumière et l'air) ; 2. *Cibus et potus* (la nourriture et la boisson) ; 3. *Motus et quies* (le mouvement et le repos) ; 4. *Somnus et vigilia* (le sommeil et la veille) ; 5. *Secreta et excreta* (les sécrétions et les éliminations) ; 6. *Affectus animi* (les passions de l'âme, les sentiments et les émotions). Nous allons développer brièvement chacun de ces six éléments pour en analyser la dimension spirituelle. Il importe pour la vie spirituelle de respecter les conditions naturelles de la vie humaine, d'avoir le souci de la mesure, bref, selon Benoît, de tout ordonner avec discernement. A l'inverse, nous ne devons pas tout faire graviter autour de notre santé, mais il nous faut de façon permanente orienter notre existence vers la vraie vie, qui est la vie avec Dieu.

Le premier principe a pour objet le juste rapport à la lumière et à l'air. Il concerne donc le milieu. L'environnement dans lequel je vis n'est pas indifférent. Les anciens avaient une conception très saine de la construction de leur maison, de sorte qu'il y faisait bon vivre. Notre santé ainsi que notre bien-être psychologique dépendent du climat, du paysage, des conditions de logement. Ce n'est pas pour rien que Benoît attache tant d'importance à la construction extérieure d'un monastère. En rêve, il transmet aux Frères d'un monastère éloigné le plan du bâtiment. Une construction saine, une heureuse adaptation de la maison au paysage, les conditions de luminosité, autant d'éléments qui ne sont pas de la pure esthétique, mais qui contribuent à nous maintenir en bonne santé. Il faut naturellement relativiser ces observations. En effet, il y a des hommes qui vivent dans le désert, qui se laissent enfermer et qui n'attachent aucune importance à ces conditions extérieures. On peut avoir la vocation de renoncer à tous ces appuis terrestres et ne trouver son secours qu'en Dieu. Mais si l'on n'a pas cette vocation, il faut prendre en compte l'ordre de la création divine, afin d'organiser sa vie, de façon à pouvoir vivre sainement d'âme et de corps.

Notre maison d'habitation peut, elle aussi, contribuer à nous rendre malade ou bien portant. Cela vaut pour une mauvaise construction et pour des matériaux de construction toxiques, ou pour un mauvais emplacement sur un terrain à teneur radioactive trop élevée, ou au-dessus de courants telluriques, mais également pour la façon dont nous avons conçu notre maison d'habitation. S'il existe une disposition de caractère tatillon, on note aussi une absence totale de goût dans l'habitation, qui cause du tort à l'âme.

En conséquence, notre spiritualité ne devrait pas négliger l'aménagement et l'organisation de notre bureau. L'ordre extérieur de la pièce peut influencer celui de notre âme. D'agréables reproductions et un bel agencement des meubles lui sont bénéfiques. Si nous ne devons pas être dépendants des choses extérieures, nous ne devons pas pour autant oublier que nous sommes des êtres humains, pour qui la vue des choses compte, et qui doivent ménager leurs yeux. Les anthroposophes attachent – parfois de façon exagérée – une grande importance à la culture de la vue. Ils aménagent leurs pièces d'habitation en fonction de couleurs et de matériaux. Nous pouvons retenir d'eux que l'espace dans lequel nous vivons n'est pas indifférent, pas plus que notre environnement immédiat. Les impressions extérieures marquent notre âme et elles peuvent influer sur elle de façon positive ou négative. Aussi serait-il chrétien d'accorder à ce domaine toute l'attention qui lui est due. Il n'y a d'ailleurs pas que la maison d'habitation, il y a aussi l'environnement acoustique. La musique que nous écoutons a des répercussions en nous. Les bruits qui nous entourent nous influencent. Aussi me faut-il ménager mes oreilles. Si je suis exposé à un vacarme incessant, cela peut me rendre malade. Il y a également un genre de musique qui me fait trépigner au point de m'abrutir. La même chose vaut pour la télévision. Nous ne pouvons tout de même pas la regarder comme ça, sans qu'elle agisse sur nous. La question est de savoir quelles images nous accompagnent : des images télévisuelles ou celle de la Bible, qui peuvent nous aider ?

On ressent de plus en plus aujourd'hui le besoin d'une alimentation saine. Nous le savons, nous mangeons jusqu'à en mourir alors que nous pourrions faire l'économie de beaucoup de médicaments avec une nourriture saine. Bien des maladies sont causées par l'alimentation. La modération dans la nourriture et le jeûne sont depuis longtemps des moyens ascétiques de grande importance. Dans sa *Règle*, Benoît consacre, un chapitre à la modération dans le boire et le manger. Visiblement, il est convaincu que, pour la vie spirituelle, le boire et le manger ont leur importance. Nous ne pouvons pas vivre notre vie spirituelle uniquement de façon cérébrale. Il nous faut y intégrer notre corps tout entier. Et cela implique une nourriture modérée et saine. Mais s'efforcer de respecter la modération dans la nourriture est vain si nous n'avons aucune motivation spirituelle. Si nous sommes obsédés par notre poids et notre santé, la recherche d'une nourriture qui se veut saine peut tourner à l'idéologie et devenir une démarche pénible et crispée.

Nous devons toujours considérer en nous l'unité de l'âme et du corps. Notre corps est suffisamment important, pour que nous lui prêtions attention et que nous respections ses lois, ce qui nous incite à le bien traiter grâce à une alimentation modérée. Cela implique non pas de le soigner de façon excessive, mais de le traiter de telle sorte qu'il devienne transparent et ouvert à l'Esprit de Dieu.

Notre façon de manger n'a pas que des conséquences sur notre santé, elle influe aussi sur notre vie spirituelle. Selon les Anciens, la modération de la nourriture était un moyen ascétique qui s'inscrivait dans le cadre du combat spirituel pour parvenir à la pureté du cœur. Une nourriture et une boisson immodérées aiguillonnent la sexualité, d'où la recommandation du jeûne pour obtenir la maîtrise de la sexualité. Dans leurs formes extrêmes, nous reconnaissons immédiatement que le boire et le manger peuvent, de quelque manière, creuser la tombe de l'âme et du corps. De nos jours, le rapport à la nourriture est perturbé chez bien des personnes qui sont de plus en plus nombreuses à souffrir de boulimie ou d'anorexie. Cet appétit irrésistible ne concerne pas seulement le corps, mais nuit aussi à l'âme. Dans la boulimie, on tente d'éliminer toute difficulté rencontrée. On s'empiffre de nourriture pour éviter de ressentir la colère, la déception et la solitude. Mais cette gloutonnerie conduit à une fuite permanente et à une déception constante vis-à-vis de soi-même. La psychothérapie tente de nous guérir de ces excès, mais cela n'aboutit que si l'on accepte une transformation mentale et spirituelle radicale. Le boulimique doit faire face à la réalité de sa vie et de ses besoins. Il doit impérativement assumer ses désirs refoulés. Comme cette dépendance est dans tous les cas une fuite devant Dieu, qui m'a pourtant placé dans cette réalité, la lutte contre la dépendance appelle une conversion spirituelle. Je dois me réconcilier avec Dieu, qui ne m'accorde pas de vivre dans un monde où l'on peut satisfaire tous ses désirs. Et comme la dépendance est fréquemment un substitut maternel, elle m'oblige à chercher en Dieu et en moi-même une sécurité, à me trouver en moi mon « chez-moi », du moment que Dieu en personne, qui est mystère, y demeure.

Il n'y a pas que la boulimie qui agisse sur notre vie spirituelle, mais également la façon dont nous mangeons et dont nous buvons. Notre manière de boire et de manger est révélatrice de notre maturité spirituelle. Si quelqu'un engloutit les aliments, il se comportera de la même façon avec la Création et avec Dieu. Il dévore également les livres, sans plus pouvoir jouir vraiment de quoi que ce soit. Peut-être a-t-il désappris à s'émerveiller. La façon dont nous mangeons révèle dans une certaine mesure notre rapport au monde. Nous traitons Dieu et le monde de la même manière que celle dont nous traitons les aliments. Une vie spirituelle implique le silence et l'étonnement, l'adoration, ainsi que l'apaisement face à Dieu. Ces aptitudes se manifestent dans la façon dont nous mangeons. Ce n'est pas pour rien que, pour Benoît, le repas est une démarche sacrée. Les moines ne doivent pas se contenter de consommer les dons de Dieu, mais ils doivent en même temps accueillir sa Parole, en écoutant la lecture du réfectoire. Manger est une démarche intellectuelle et spirituelle, qui consiste à recevoir les dons et la parole de Dieu. La forme extérieure du repas a des conséquences sur la totalité de l'homme, sur son âme et son corps. Il existe une sorte d'inculture du repas, où en toute hâte on avale sa nourriture au plus vite en vue d'apaiser sa faim (*fast food*). La prière avant les repas ne serait pas seulement qu'un pieux exercice, mais elle pourrait conduire à une culture du repas. Même si, avant et après les repas, elle n'est pas la forme suprême de la prière et même si elle peut fréquemment n'être qu'une routine, elle contribue cependant à attirer l'attention sur le fait que le repas est quelque chose de sacré, car en mangeant, nous consommons ce que Dieu nous donne. Elle donne aussi au repas un style communautaire. Si chacun se met à manger dès que la table est servie, aucun repas digne de ce nom ne pourra plus avoir lieu : on se contentera alors de consommer. Si les écrivains spirituels du Moyen Age ont écrit sur des choses apparemment aussi banales que les bonnes manières à table et les règles de politesse, cela prouve une profonde connaissance des effets de cette activité extérieure sur le corps et l'âme.

Le docteur Vescovi[1] a constaté que l'horaire bénédictin correspondait au rythme biologique naturel. Bien des personnes violentent leur propre rythme biologique. Une organisation saine de la journée a également sur nous un effet thérapeutique et elle nous rend fondamentalement plus efficaces. Nous organisons les heures de la prière et du travail de telle façon qu'elles correspondent à notre rythme biologique naturel. De cette façon, nous ne sommes plus contraints de toujours nous forcer à effectuer ce qui est contraire à notre être. Celui qui, sur le long terme, respecte un emploi du temps sain, peut faire l'expérience du bienfait que ressentent l'âme et le corps. La devise bénédictine *Ora et labora* signifie finalement qu'une vie spirituelle saine n'est pas possible sans un style de vie sain. Un style de vie sain découle d'une juste répartition du temps, mais aussi de la manière dont nous effectuons les choses essentielles de notre journée. Ce style de vie implique, par exemple, la position du corps pendant le travail. Sommes-nous là crispés ou bien manifestons-nous une réelle attention à notre centre d'où dérive notre travail ? Quelles sont les pensées et les sentiments qui nous accompagnent durant le travail ? Leur donnons-nous libre cours ou savons-nous influer sur elles de façon positive ? Sommes-nous, durant notre travail, unis à Dieu, ou notre cœur est-il ailleurs ? Sommes-nous

---

1. G. Vescovi, *Biorythmus und Stundengebet* (Rythme biologique et prière des heures), manuscrit.

présents, totalement dans l'instant, ou distraits, vidés ? Un style de vie sain implique en outre des rituels, grâce auxquels nous organisons notre journée.

Il y a pour l'organisation de notre quotidien des rituels sains et des rituels malsains. C'est sacrifier à un rituel malsain que de se traîner hors du lit avec peine et d'avaler en toute hâte notre petit déjeuner. En revanche, c'est suivre un rituel sain que de se lever avec courage, pour commencer la journée par une brève prière et nous réjouir de tout ce que nous allons décider de faire. C'est dans nos rituels personnels que nous trouvons notre identité, ce qui nous permet de nous sentir à l'aise et bien en nous. Une vie spirituelle saine requiert une bonne forme, un style de vie sain, sinon elle est livrée aux caprices de la volonté. Et l'on se sent alors constamment surmené. La vie spirituelle implique une forme dans laquelle elle peut se déployer, et non d'incessantes décisions de la volonté, que l'on s'impose en se faisant souvent violence, et qui est cause d'une mauvaise conscience permanente. Or une mauvaise conscience n'est jamais bonne conseillère. Un style de vie sain fait grandir la vie spirituelle et produit un effet bénéfique sur l'âme et le corps. En revanche, une vie spirituelle fondée sur la seule volonté épuise nos forces et ne tarde pas à nous rendre malades, parce que nous ne pouvons pas rester toujours en deçà de notre volonté et que nous ne supportons plus alors de vivre ainsi tiraillés.

La quatrième règle de la diététique se rapporte à l'alternance du sommeil et de la veille. L'homme doit disposer d'une bonne dose de sommeil. Dans sa règle, Benoît garantit cette mesure. Dans le monachisme, le sommeil et la veille ont été un sujet spirituel important. A trop dormir, on devient somnolent, on fuit devant les obligations, on tombe dans l'incapacité d'affronter la réalité et on se réfugie dans le sommeil. A manquer de sommeil, on ne sait plus garder la mesure. On se surestime soi-même, on exagère son importance, et l'on est incapable de se déprendre. Assurément, la mesure du sommeil varie selon les individus. Mais chacun doit se demander si sa part de sommeil est exagérée ou au contraire s'il n'est pas surmené à cause d'un manque de sommeil. Le troubles du sommeil sont aujourd'hui fréquents. Et, chacun le sait, cela reflète des problèmes d'ordre psychologique, le signe de quelque refoulement ou d'une impossibilité à venir à bout de telle ou telle situation. Les troubles du sommeil sont un signal d'alarme auquel il nous faut prêter attention et dont il faut rechercher les causes. Nous pouvons même suivre Morton Kelsey en comprenant ces troubles du sommeil comme un appel de Dieu, auquel nous répondons à l'instar de Samuel : *Parle, Seigneur, ton serviteur écoute*[1] ! Alors, nous pouvons nous affranchir de toute fixation sur notre insonnie et la vivre

1. Cf. Anselm GRÜN, *Les Rêves et la vie spirituelle*, Médiaspaul, 1999.

positivement en l'employant à la prière ou à une occupation de nature spirituelle. Le lendemain, ce manque de sommeil ne nous empêchera pas d'assurer notre travail. Ce qui sera le cas si nous nous disons inlassablement que nous devons absolument dormir, sans quoi nous ne serons pas à même de travailler. C'est alors envisager le sommeil seulement comme une possibilité d'effectuer notre travail. Dans ce cas, le sommeil cesse d'atteindre son but : il n'est plus le temps où nous nous jetons dans les bras de Dieu et au cours duquel il ne cesse de s'adresser à nous.

Le sommeil n'est pas seulement une détente indispensable pour le corps ; il l'est aussi pour l'âme. Durant le sommeil, l'âme se meut d'une autre manière. L'inconscient devient actif et il se manifeste par les rêves. Et la réalité onirique est tout aussi réelle que celle de la conscience éveillée. Nous devons être à l'écoute de nos rêves, pendant lesquels notre inconscient interprète et commente les faits de la journée, ainsi que notre état sur la voie de la personnalisation. Nous devons tenir compte de cette interprétation, car notre vue consciente des choses est souvent quelque peu unilatérale. Or, au cours de nos rêves, il nous est possible de reconnaître ce qui s'est déroulé durant la journée et quelle en est pour nous la signification. De plus, nous sentons quel est notre état réel. C'est par des images que l'inconscient nous révèle quelle est notre situation du moment, sur quels chemins de traverse ou sur quelle bonne voie nous nous trouvons, quelle est notre attitude vis-à-vis de Dieu, si nous nous sommes ouverts à lui ou au contraire si nous nous sommes renfermés sur nous-mêmes, et quelle démarche nous sommes en train d'entreprendre. L'attention portée à nos rêves, y compris dans notre itinéraire spirituel, nous préserve de passer à côté de la vérité et de Dieu[1].

D'après le penseur juif Weinreb, nous pénétrons, durant le sommeil, dans la réalité effective. Nous sommes associés à la vie divine[2]. Dieu parle à notre cœur, nous accédons à la sphère de l'intimité divine ; c'est la raison pour laquelle les moines estiment tant le *silentium nocturnum.* Le silence nocturne confère au sommeil et au rêve l'espace salutaire et sacré, cet espace que l'Antiquité a reconnu dans le sommeil du temple, partant de l'idée que le sommeil de la nuit nous fait à tous du bien. C'est au milieu du silence de la nuit que la Parole divine est venue pour pénétrer en nous[3]. La liturgie de Noël voit dans ce silence de la nuit l'instant où le Christ est descendu du ciel pour s'incarner. Weinberg pense que notre vie quotidienne est un épanouissement de ce que nous avons entendu de la part de Dieu dans le silence de la nuit, c'est-à-dire dans nos rêves. Dans notre existence

---

1. *Ibid.*

2. Cf. F. Weinreb, *Traumleben, überlieferte Traumdeutung* (Vie onirique et transmission de l'interprétation des rêves), Weiler, 1982.

3. L'auteur cite Sagesse 18, 14-15 [NdT].

quotidienne, notre vie est très peu marquée par des mobiles purement rationnels et par des décisions tout à fait conscientes. Beaucoup de choses ne sont que des rituels, qui accomplissent et représentent ce que nous avons entrevu et perçu en rêve. Aussi la nuit mérite-t-elle un silence respectueux, afin que durant le sommeil, Dieu puisse parler à notre cœur. Les nuits bruyantes éloignent notre âme de sa racine divine et couvrent la voix de Dieu qui nous parle dans le silence.

La cinquième règle de la diététique traite des sécrétions et des éliminations. Cela semble au premier abord un domaine secondaire. Or, Groddeck, le fondateur de la psychosociologie, a déjà traité de façon détaillée du problème de la constipation, qui renvoie toujours à la structure de la personne. Celui qui souffre de constipation retient ce qu'il aurait dû évacuer. Groddeck déplore que les êtres humains parviennent à trouver du temps pour manger, mais n'en trouvent pas pour éliminer. Beaucoup vivent, « comme si notre mère la nature leur avait donné un tuyau en tôle au lieu de leur intestin »[1]. Une vie saine implique aussi l'attention à accorder aux éliminations. Hildegarde de Bingen n'a pas cru déchoir en parlant de ces fonctions inférieures de l'homme, qui représentent elles aussi

---

1. G. GRODDECK, *Krankheit als Symbol* (La Maladie comme symbole), Francfort, 1979, p. 144.

> un organe absolument pas méprisable de l'existence humaine, puisqu'elle contribue à la *vita laeta*, à la joie de vivre[1].

Et de comparer ce processus de la digestion avec le pressoir. Ce qui est résiduel est éliminé :

> Ce qui est étranger et inutile est rejeté : par exemple la sueur et les larmes, la salive et le sperme, les excréments et l'urine. Elle donne cette description : « C'est comme ce qui se produit avec les raisins, que l'on verse dans le pressoir ; le vin s'écoule dans la cuve ; mais on rejette les résidus que sont les peaux[2]. »

Le domaine des éliminations nous amène aussi à parler de la sexualité. A l'encontre du slogan erroné « Garder la forme grâce à l'activité sexuelle » et de la conception fausse, selon laquelle seule une activité sexuelle satisfaisante nous assurerait la santé, une spiritualité prenant en compte la diététique doit nous enseigner le juste rapport à la sexualité. Il faut bien sûr s'affranchir des tabous sexuels, tels qu'ils existent, du moins inconsciemment, dans la tradition ecclésiastique.

Entre une sexualité déclarée, où l'âme n'a pas sa part et qui ne cesse d'imposer à l'homme l'exploit sexuel, et une diabolisation de la sexualité, une spiritualité diététique doit trouver un moyen terme.

---

1. H. SCHIPPERGES, *op. cit.*, p. 72.
2. *Ibid.*

Celui qui exclut la sexualité de sa vie spirituelle se racornit et se sclérose. Celui qui se contente de vouloir la sublimer par de pieuses paroles s'expose à un pénible écartèlement.

En fait, il existe deux voies pour intégrer la sexualité dans la voie spirituelle. Commençons par la voie conjugale qui recourt au plaisir de l'union sexuelle et qui rend cette union transparente au désir de l'unité avec le Tout Autre. Vivre sa sexualité, en ce cas, ne se limite pas à rechercher le plaisir, mais l'expérience de ce plaisir conduit sur la voie qui mène à Dieu. H. Jallouschek, philosophe jungien, affirme :

> Notre capacité de désir peut tout au plus se couler momentanément dans une relation érotique, mais pas à long terme, et ce désir surpasse toute relation amoureuse possible.
>
> L'amour entre les sexes n'a pas pour fonction d'apaiser le désir d'une union globale, mais bien plutôt de la tenir en éveil, en vue de nous faire aller de l'avant[1].

Donc, il ne s'agit pas dans le mariage, d'un simple exutoire à la sexualité, mais d'une jouissance de l'union sexuelle, qui simultanément conduit la sexualité à se transformer en désir religieux. Il faut donc d'abord consentir à la sexualité, voire en bien des cas, précisément chez des personnes religieuses,

---

1. Cf. H. JALLOUSCHEK, *Männer und Frauen - auf dem Weg zu neuen Beziehungsformen* (Hommes et femmes - sur la voie de nouveaux modes de relations), conférence du 21 octobre 1988, Lindau, dans le cadre de la Société de la psychologie des profondeurs, manuscrit, p. 3.

l'éveiller. L'énergie sexuelle est toujours l'énergie vitale : si on la néglige, on ne vit qu'à moitié. Le chrétien ne doit pas avoir peur de la sexualité, mais il doit dépasser le plaisir et le transformer, dans la perspective de la vie, de la vitalité physique et de l'accomplissement du désir d'union à Dieu.

Quant au célibataire, il adopte une autre démarche pour vivre sa sexualité. Il tente de l'intégrer dans une voie spirituelle. Il ne s'agit pas pour lui de l'abolir, mais d'aboutir à une sublimation érotique. L'éros féconde la vie spirituelle. Si l'énergie de nature érotique est orientée vers Dieu, la vie spirituelle devient plus intense et l'entourage de ces personnes spirituelles est jaillissement de fécondité. Cette sublimation de la sexualité est également la condition de la mystique chrétienne. L'accès à une véritable mystique implique un véritable « érotisme ». Le fait qu'aujourd'hui il y ait si peu de mystiques authentiques dans l'état ecclésiastique provient certainement de ce que l'on néglige à la fois l'éros et l'énergie érotique.

Beaucoup de mystiques chrétiens nous ont montré l'exemple d'une transfiguration de l'éros en expérience et en amour de Dieu, comme ce fut le cas de Thérèse d'Avila dans sa relation avec Gratien, de François et de Claire, de Scholastique et de Benoît[1].

---

1. Cf. A. Grün, *Einswerden* (Quête d'unité). *Der Weg des hl. Benedikt* (La voie de saint Benoît), Münsterschwarzach, 1986.

Le pape Grégoire le Grand a justement développé la nature de la mystique chrétienne en se référant à la relation de Benoît et de Scolastique. Le célibataire ne doit pas réprimer sa sexualité et son éros, mais il devrait se demander s'il aime et de quelle façon concrète il exprime son inclination et son amour. C'est dans la manière dont j'exprime mon amour envers d'autres personnes que se manifeste la vitalité de ma vie spirituelle. Dans sa relation à Dieu, Thérèse n'a pas considéré l'éros comme un élément de perturbation, mais comme une réalité tonifiante. Elle n'a pas séparé de Dieu son amour pour le Père Gratien, mais elle l'a approfondi en le tournant vers Lui. Touchée et atteinte par Gratien en son cœur, elle a présenté à Dieu son amour blessé et appris à L'aimer d'une façon nouvelle et plus intime.

Mais comment le célibataire doit-il transformer sa sexualité en énergie érotique pour l'intégrer à sa vie spirituelle ? Certainement pas en cherchant à en venir à bout spirituellement ou à la combattre de façon disciplinaire et volontariste, mais en allant jusqu'au bout de sa pensée et de sa sensibilité. Il peut se demander par exemple à quoi il aspire en réalité dans sa sexualité ? En fait, nous aspirons à davantage de vitalité, de dévouement dont nous pourrions faire preuve, montrant que nous sommes totalement présent, totalement vivant, totalement authentique et vrai. Les attentes qui découlent de notre sexualité dépassent toute réalisation possible – cela vaut aussi pour les gens mariés. Elles peuvent seulement leur faire entrevoir, dans la jouissance du plaisir sexuel, que la sexualité vécue ne peut être comblée seulement en ce monde-ci et que l'union sexuelle vise à les conduire finalement à Dieu, autant que la sublimation de la sexualité dans le renoncement du célibataire.

Les mystiques ont à bon droit recouru au langage de l'érotisme et de la sexualité pour exprimer leur profonde dépendance vis-à-vis de Dieu et leur non moins profond désir d'union à Dieu. Ils n'ont pas nié leur sexualité, mais ils l'ont assumée et ont tourné vers Dieu la quête existentielle d'unité qu'elle recèle. Ils ont reconnu leur insatisfaction et leur attirance vers l'autre sexe, sans s'imaginer que Dieu pourrait régler tous leurs problèmes sexuels. Ce n'est pas si simple. Mais quand nous lisons les écrits des mystiques, par exemple de Tauler ou d'Eckhart, de Hildegarde ou de Thérèse, nous sentons bien que leur spiritualité respire la vitalité et l'humanité, la liberté et la largeur de vue, l'intimité et la tendresse. Il n'y a pas de panacée pour accéder à une telle spiritualité, imprégnée d'éros. La voie pour y parvenir passe pour les gens mariés par la transformation de leur sexualité sous le regard de Dieu et pour le célibataire par l'acceptation de cette blessure profonde que provoque en lui ce désir sexuel d'unité. S'il laisse Dieu l'atteindre au niveau de cette plaie profonde et qu'il lui présente un cœur brisé, sa sexualité se transforme en un courant érotique, qui féconde toute sa vie et lui fait répandre dans son entourage une grande fécondité.

La dernière règle diététique se rapporte aux *affectus animi*, aux passions, aux émotions et aux sentiments de l'âme. La médecine antique savait donc que nos pensées et nos sentiments pouvaient nous rendre malades et que ce n'était pas impunément que nous nous livrions à des pensées ou à des sentiments en permanence négatifs. La santé implique un juste rapport à nos pensées et à nos sentiments. Il ne s'agit pas d'un refoulement ou d'une répression des pensées et des sentiments, mais d'une attention soutenue pour veiller à ne pas nous laisser dominer par des pensées négatives, au point de nous en rendre malades. Évagre le Pontique a écrit tout un livre consacré aux pensées morbides[1]. Il décrit comment des sentiments d'apitoiement sur soi et des gémissements interminables paralysent un individu et peuvent même l'affaiblir physiquement. Et il dit du démon de la colère qu'il dévore l'âme humaine. C'est une expression imagée reprise par le cancérologue américain Carl Simonton, selon qui la colère, qui nous dévore de l'intérieur, finit, au sens littéral du terme,

1. Évagre le Pontique, *Antirrhétikon*. Cf. sur le sujet A. Grün, *Einreden*, Münsterschwarzach, 1982.

par dévorer les cellules de notre corps[1]. Quand l'homme ne lutte pas activement contre sa colère, le corps peut un jour intérioriser cette réaction jusqu'à le dévorer. Nous sommes donc responsables de notre santé physique et nous devons bien prendre en compte nos pensées et nos sentiments.

Il ne s'agit pas simplement de substituer à des sentiments négatifs des sentiments positifs. Cela peut être un aspect de l'hygiène mentale, mais il nous faut d'abord commencer par prendre acte de l'existence en nous de sentiments de toute nature. Quand on se limite à réprimer des sentiments négatifs, comme la haine et la colère, ceux-ci se déposent en notre corps. Au lieu de les réprimer, il nous faut les considérer et les assumer, certes toujours en étroite relation avec autrui. Qui prend acte de sa colère et l'observe pour la ressentir en lui-même, évitera tout simplement d'exploser. Il s'exprimera d'une manière telle qu'on le comprenne bien. Et après l'avoir ressentie réellement, sa colère lui fera découvrir qu'il nourrit en lui des sentiments tels que le désir de proximité et d'amour, sentiments qu'il n'aurait jamais découverts s'il s'était limité à la répression de sa fureur. Quand on se contente d'exploser, on reste dans le même cadre et on ne progresse pas. On peut

---

1. Cf. O. C. SIMONTON, *Wieder gesund werden* (Recouvrer la santé). *Eine Anleitung zur Aktivierung des Selbstheilungskräfte für Krebspatienten und ihre Angehörige* (Indication sur la mise en action des forces internes de guérison pour les malades cancéreux et leur entourage).

vivre ses agressions, mais en manifestant une grande attention envers soi-même et envers les autres. De nos jours, beaucoup de gens tombent malades parce qu'ils ne peuvent supporter ou vivre leurs agressions à l'égard de leurs parents ou encore à l'égard de leurs enfants, de peur d'une éventuelle séparation. Or, précisément, la jeune génération des parents a aujourd'hui moins de problèmes touchant la distanciation avec ses parents qu'avec la distanciation vis-à-vis de ses propres enfants. Derrière tout cela se cache un idéal d'éducation trop élevé.

Dans leurs apophtegmes, les Pères du monachisme des premiers siècles ne conseillent pas la répression des passions, mais ils invitent à un dialogue, ou pour reprendre l'expression de Poimen : « A l'égard de nos passions, nous devons leur emprunter et leur rendre ; car c'est ainsi qu'elles pourront nous fortifier. » Nous contenter de subir les agressions, est source de destruction et cela nous empêche d'avancer sur le chemin de la maturation ; par ailleurs la répression rend malade. Il s'agit d'arriver à une intégration saine. C'est à cette seule condition que nous pouvons tirer parti de la force qui se trouve dans les passions. Dans la haine que je nourris contre un être humain, il y a toujours une impulsion positive : je ne veux pas me laisser écraser, je veux vivre par moi-même. A la longue, la haine peut me faire du tort ; mais le sentiment momentané de haine peut m'aider à m'affranchir du pouvoir d'autrui. La haine est un défi qui me pousse à trouver la distance nécessaire.

Les moines ont développé diverses méthodes sur le traitement des pensées et des sentiments[1]. L'essentiel de ces méthodes consiste à regarder en toute honnêteté ces pensées et ces sentiments et à les traiter de façon active. Si nous leur laissons libre cours, ils nous rendront malades. Point n'est besoin d'avoir peur d'éprouver des sentiments négatifs. Nous ne sommes pas responsables de les voir émerger en nous. Notre seule responsabilité réside dans la façon de les traiter. Il s'agit alors non pas de les observer simplement du point de vue psychologique, mais de présenter toutes ces passions à Dieu. Si nous présentons à Dieu tout ce qui est en nous, ce qui est négatif perd de sa force destructrice, et nous verrons que tout en nous peut contribuer au bien. Ou encore, comme l'a dit de façon imagée le prophète Isaïe : les bêtes sauvages qui sont en nous honoreront Dieu ; les chacals et les autruches ne nous attaqueront pas par derrière, mais elles deviendront en nous une force vivifiante (cf. Is 43, 20).

La vie spirituelle, telle que les moines la décrivent, nous rend bien portants. Mais nous ne devons pas instrumentaliser la vie spirituelle et l'utiliser comme un truc pour nous maintenir en bonne santé.

---

1. Cf. Anselm GRÜN, *Einreden.*

Au contraire, il s'agit de Dieu lui-même, d'un sentiment de sécurité que l'on éprouve quand on se confie en lui. Or, Dieu peut fort bien nous envoyer la maladie. La santé n'est pas le critère qui nous permettrait de savoir si notre vie plaît à Dieu ou non : le salut ne s'identifie pas avec la santé. Il s'est en fait manifesté pour quelques saints dans leur maladie, et en dépit de leurs demandes réitérées, Dieu ne les en a pas délivrés. Visiblement, Paul a souffert d'une maladie pénible. A ses plaintes, le Christ a répondu : *Ma grâce te suffit ; car ma puissance se déploie dans la faiblesse* (2 Co 12, 9). Il nous faut nous en remettre à Dieu, qui décide s'il fait demeurer une âme saine dans un corps sain ou au contraire dans un corps faible et malade, où la force divine apparaît de façon d'autant plus évidente comme une pure grâce et comme un don immérité.

L'essentiel est la transparence. Un corps sain peut rayonner le salut de Dieu. Mais un corps malade vise à nous montrer que ce rayonnement dépend de l'Esprit de Dieu et non de notre propre force. L'Esprit de Dieu peut aussi agir à travers un instrument qui ne correspond pas à notre représentation de la forme parfaite : ce n'est pas l'impression que nous faisons sur les autres qui est importante, mais l'Esprit de Dieu et sa force. Celui qui laisse l'Esprit de Dieu le prendre à son service, où il fait l'expérience du salut, peu importe s'il est extérieurement en bonne santé ou malade, comme Paul l'est devenu de manière inégalable. Il a accepté l'aiguillon dans sa chair. Il n'en a conçu aucune amertume, mais l'amour et la vitalité, l'authenticité et la sincérité. Sa maladie n'a produit en lui aucun blocage, mais elle l'a ouvert aux hommes et à Dieu. Au cœur même de sa maladie, il a ressenti une paix profonde avec Dieu et a compris le mystère de sa vie, à savoir qu'il portait le trésor de Dieu dans des vases d'argile : *Il devint clair que cet excès de puissance vient de Dieu et non pas de nous* (2 Co 4, 7). Quand on regarde sa vie comme donnée par Dieu, pour le service des hommes, peu importe si on le sert comme bien portant ou comme malade. L'essentiel est que Dieu en soit glorifié.

3

CARACTÉRISTIQUES D'UNE SPIRITUALITÉ THÉRAPEUTIQUE

Le but de la vie spirituelle ne consiste pas seulement à s'affranchir des fautes et à dominer ses instincts et ses passions, mais aussi à vivre sainement dans son corps et dans son âme. Si nous considérons la santé comme une tâche spirituelle, cela n'est pas sans conséquences sur notre spiritualité. Nous voudrions ici développer ne serait-ce que quelques points qui nous paraissent importants.

Notre vie spirituelle n'a pas le droit de se placer au-dessus de notre corps. Notre corps est un partenaire important dans notre itinéraire spirituel. Il a pour fonction, quand nous l'écoutons, de nous aider à nous mieux connaître. Aussi notre examen de conscience ne doit-il pas se limiter au niveau de notre volonté et de notre intelligence : il doit aussi intégrer le corps. Si nous nous contentons de noter ce que nous avons fait de mal, nous réduisons cette connaissance de soi au plan moral. Mais jamais nous ne parviendrons à accéder aux préalables inconscients qui souvent sont la source de blocages et qui nous empêchent de faire ce que nous aimerions réaliser, non plus qu'à nos besoins et à nos désirs les plus profonds. Nous ne découvrirons pas notre état réel, ni notre véritable situation, ni non plus notre culpabilité effective. En effet, souvent, notre culpabilité ne réside pas dans une mauvaise attitude, mais dans une fausse conception fondamentale, qui refoule tout désagrément, et qui en fait néglige la réalité. Se borner, dans notre examen de conscience, à faire le compte des actions bonnes et mauvaises, conduit au moralisme et à une mauvaise conscience permanente. Mieux vaut éviter de passer en revue la journée entière pour s'interroger sur les fautes qu'on a commises, et se mettre dans l'instant en présence de Dieu, en percevant physiquement son corps, pour s'interroger : Qui suis-je face à mon Dieu ? Dans quel état suis-je ? Le véritable examen de conscience est une rencontre avec Dieu. Dans cette rencontre, je sens ce qui ne va pas en moi. Il me suffit d'être pleinement présent et d'écouter mes sentiments et mon corps pour ressentir avec précision à quel point ma culpabilité est source de blocage et de résistance. Mais en même temps, au cours de cette rencontre avec Dieu, je fais l'expérience d'être pleinement accepté. Tel serait un examen de conscience bénéfique, source de réconfort, ce qui correspond bien à l'esprit de saint Benoît.

L'examen de conscience, attribué à tort à Ignace de Loyola, et qui se borne à juger les actions et les omissions particulières, conduit facilement à une mentalité de comptable ; elle n'a plus rien à voir avec l'Esprit de Jésus et peut au contraire rendre malade. Écouter son corps signifie prendre au sérieux les connaissances de la psychosomatique, en vue de nous interroger sur la signification de tous les symptômes. Cette interrogation nous vise toujours personnellement et non autrui. Par exemple, si j'ai des douleurs dans le dos, je puis me demander à quelles émotions je me suis refusé, en quoi j'ai présumé de mes forces, quelle surcharge de responsabilité et de soucis je me suis imposée. Le mal de dos peut être le signe que j'ai refusé de vivre certaines émotions – cela ne m'autorise pas à persuader quiconque souffre du dos qu'il refoule ses sentiments : une telle attitude serait dépourvue de respect et, en outre, je serais injuste envers cette personne. C'est à moi seul qu'il faut poser la question de savoir ce que cette réaction de mon corps exprime à mon sujet. Et dans la voix de mon corps, il me faut entendre Dieu en personne, qui m'éclaire sur ma situation réelle et qui voudrait m'indiquer la voie dans mon itinéraire spirituel. Il y a de quoi être reconnaissant de ce que son corps soit une caisse de résonance pour la voix de Dieu, qui préserve des sentiers où l'on peut s'égarer. Quand on n'est pas en mesure d'écouter son corps, on court le risque de passer à côté de sa vérité et de s'enferrer de façon funeste.

Nous réagissons à tous les événements par des pensées qui sont un commentaire de ce que nous vivons. Mais en même temps, c'est notre inconscient qui réagit. Il a une perception différente de celle de notre intelligence et souvent il nous manifeste son point de vue dans le rêve. Et simultanément, le corps réagit. Nous savons comment notre corps réagit aux dangers, à la perspective d'un bon repas, par exemple. Mais les nombreuses réactions inconscientes sont autrement plus complexes. Elles s'observent avant tout quand nous réagissons de façon trop peu consciente aux événements.

Prenons cet exemple : nous refusons d'admettre que notre situation de travail est insupportable parce qu'un collègue ne cesse de nous blesser et que nous n'arrivons pas à réagir opposant une résistance consciente et une distanciation : alors le corps assume cette réaction. S'il nous est impossible de nous défendre autrement contre des personnes dominantes, nous réagissons par des maux d'estomac . Une pression constante de la part d'autrui, que nous n'arrivons pas à contrer se porte sur notre foie et se solde par de la fatigue et de l'asthénie. Notre défense est alors la lassitude. La perception de la maladie devrait nous amener à des moyens plus conscients de défense, qui ne dégénéreront plus dans la maladie. Nous n'avons alors plus qu'à interroger nos symptômes, et c'est en images qu'ils nous diront en quel état nous nous trouvons en réalité.

Quand par exemple de jeunes prêtres se plaignent de ressentir parfois des vertiges lorsqu'ils se trouvent à l'autel, cela peut évidemment dépendre de leur contraction intérieure ou de leur tension. Mais il faudrait qu'ils se demandent aussi à quel niveau cela « tangue » en eux, où leur inconscient leur révèle un écartèlement entre la tâche qu'ils ont acceptée et l'estime dans laquelle ils se tiennent eux-mêmes. En outre, ils se demanderont sur quel point ils doivent poursuivre le travail sur eux-mêmes, afin de correspondre intérieurement aux exigences de leur sacerdoce. Surtout qu'ils ne s'effraient pas d'être confrontés à pareille interrogation. Bien au contraire : il leur faut être remplis de reconnaissance de ce que leur corps soit à ce point honnête, qu'il leur indique de quelle façon leur inconscient les tient en estime. S'interroger ne veut pas dire affirmer. C'est seulement une invitation à nous rendre sensible à notre propre situation. Il nous faut interroger nos symptômes sans appréhension ou nous mettre à leur écoute avec une attention tout intérieure. Mais en même temps, nous devons nous garder de toute affirmation péremptoire et de toute condamnation. Souvent, une appréciation correcte de ce que représente le symptôme en particulier est largement insuffisante. Elle pourrait nous inciter à nous contenter d'un simple diagnostic et nous amener à interrompre notre recherche.

Une pression exercée sur soi de façon continue peut se manifester par une forte hypertension. Une fuite en avant continuelle conduit à une nervosité permanente. Un homme nerveux est tiraillé, inquiet et agité. Il est incapable de supporter sa propre vérité et il pratique la dérobade. De même, une personne crispée manifeste que sa vie spirituelle n'est pas cohérente. Elle recourt trop à sa volonté et voudrait s'interdire toute zone d'ombre. Elle se sent obligée d'exclure quelque aspect de sa personnalité, de crainte que celui-ci la domine. Or précisément, en pratiquant une maîtrise de soi aussi exigeante, elle est elle-même dominée par son ombre. Elle contracte tous ses muscles, contraint son corps et le tient sous tension. La vie spirituelle n'est saine que si elle procure également au corps une tension tonique et bienfaisante, l'amenant ainsi à pratiquer l'eutonie. Une personne non structurée, dénuée de toute sensibilité envers son corps, se croyant à tort décontractée, révèle toujours un manque de formation religieuse. La Parole de Dieu ne l'a pas réellement atteinte ni structurée.

Une vie spirituelle saine implique une connaissance de soi sincère. Et nous nous connaissons sincèrement quand nous écoutons notre corps. Ce n'est pas là tomber dans une psychologisation de la vie spirituelle, ni la réduire à de la psychologie, c'est seulement prendre notre corps au sérieux. Sans doute existe-t-il un risque de psychologiser tous les symptômes d'une maladie en faisant de la psychologie d'amateur, en flairant partout et toujours de graves déficits psychiques. Mais ne s'agit pas ici d'une curiosité psychologique, préoccupée de classer les autres, il s'agit d'une écoute sincère de ce que Dieu peut avoir à me dire à travers mon corps. C'est seulement quand nous nous tenons face à Dieu corps et âme, que sa lumière peut pénétrer tous les recoins et raidissements de notre corps et de notre âme, pour nous guérir dans notre intégralité.

La règle bénédictine peut nous donner une vision concrète de ce qu'est une spiritualité capable de guérir une personne malade, en proie au tiraillement. La réflexion sur la diététique nous a déjà montré qu'elle était une invitation à pratiquer une hygiène de vie. Nous voudrions ici souligner quelques éléments bénéfiques, tout en les confrontant aux facteurs de risques qui menacent notre temps.

Celui de la démesure est à coup sûr déterminant aujourd'hui. Notre époque est tentée par la « volonté de perfectionnement suicidaire » et succombe à la « tentation de la perfection mortifère »[1]. C'est du moins ainsi que Romano Guardini caractérise notre temps. Cette démesure se manifeste non seulement par un déploiement d'énergie immodéré, qui menace la création, mais encore par une consommation sans

---

1. Cité par M. Dufner, *Heilung durch Heiligung* (La Guérison par la sanctification). *Die Regel des hl. Benedikt als Weg zu ganzer Gesundheit* (La règle de saint Benoît, comme chemin de santé intégrale), in *Der deutsche Apotheker* (Le Pharmacien allemand), 12 (1984), p. 642-648. Les réflexions qui suivent renvoient à cet article.

modération, source de nombreuses maladies, par l'excès de travail, source d'un stress permanent, par une quête de la perfection absolue, de la sécurité absolue, de ressources absolues, de garantie totale de la santé et de maîtrise effective de la vie. Nous sommes aujourd'hui confrontés à des limites que révèlent les discussions politiques touchant aux réformes du système de santé et des retraites.

L'homme moderne s'épuise dans cette démesure. Il perd le sens de ses limites et d'une saine limitation personnelle. Il ne sait même plus s'évaluer lui-même. Et c'est ainsi que naît le mythe du surhomme, qui doit toujours être en forme et performant, infatigable et apte à répondre aux exigences de sa vie professionnelle. C'est le mythe de l'homme fort à la santé de fer, qui ne manifeste aucune faiblesse – ou qui, en tout cas, se garde de la manifester –, du type *cool*[1] qui laisse tout passer sans se laisser ébranler par rien. Mais ce qu'on oublie de faire remarquer, c'est qu'il en perd sa vitalité, qu'on ne peut vraiment rencontrer ce genre d'homme et qu'on ne peut l'aimer. Par ailleurs, son fonctionnement s'arrache au prix du refoulement de sa zone d'ombre et du déni de sa vulnérabilité. Et fréquemment, ce comportement ne s'obtient que grâce à des médicaments, qui aident à refouler ce qui n'est pas assumé. Cette

1. En anglais dans le texte (NdT).

solution de façade se solde souvent par une dépression, signe que l'être humain ne peut impunément outrepasser ses limites.

Saint Benoît oppose à cette démesure la *discretio*, le don de discernement, la sagesse de la mesure, qu'il qualifie de mère de toutes les vertus. L'Abbé doit tout gérer avec mesure, sans accabler personne. Il doit s'adapter à chacun, pour trouver la juste mesure du travail et des exigences ascétiques. L'Abbé ne doit pas succomber à l'illusion de croire que son monastère n'abriterait que des « supermoines », mais il doit être conscient que par la fonction dont il est investi, il doit avoir de la sollicitude à l'égard des membres plus faibles de sa communauté. Il a le devoir de se soucier d'eux en toute affection, en se souvenant que cela relève de sa responsabilité.

> Que l'œuvre qu'il commande soit relative à Dieu ou au monde, qu'il agisse avec discernement et avec mesure[1].
>
> Qu'il gère toute chose avec mesure, de telle façon que les forts désirent quelque chose de plus et que les faibles ne prennent pas la fuite.

Il doit toujours avoir présent à l'esprit l'exemple du saint homme Jacob qui n'a pas épuisé son troupeau, et prendre les décisions relatives au travail, à la prière et au jeûne de façon à stimuler ses moines

---

1. *Règle de saint Benoît,* 64, 127.

et à les tenir en haleine, sans toutefois les
ni les attrister.

La juste mesure, telle que l'entend saint Benoît, n'est pas la médiocrité, mais elle représente cet équilibre qui nous fait amèrement défaut aujourd'hui, alors qu'elle est capable de « guérir et de conjurer ou d'éviter les nombreuses maladies qui se propagent »[1].

La juste mesure concernerait avant tout notre travail, notre alimentation – le boire et le manger – et notre sommeil. Mais elle se rapporte également à notre vie spirituelle. Saint Benoît est bien conscient que là aussi tout excès peut être nocif, et qu'il provient toujours des démons. La démesure se rapporte avant tout à notre idéal de perfection. Nous croyons que Jésus attend de nous la perfection, et d'abord la perfection morale. Mais c'est une erreur. Dom Louf qualifie cet idéal de perfection d'idéal païen[2]. Vouloir être parfait, vouloir être comme Dieu, sans faute et sans trace de faiblesse, c'est nier notre fragilité humaine. Notre devoir n'est pas d'être parfait, mais intégral. Nous devons tout laisser vivre en nous et le mettre en rapport à Dieu. Et nous devons être misé-

---

1. M. J. Zilch, *Ambivalenz und Ganzheit* (Ambivalence et globalité), Ratisbonne, 1973, p. 139, cité par Dufner.

2. Cf. Dom Louf, *Demut und Gehorsam bei der Einführung ins Mönchsleben* (Humilité et obéissance dans l'initiation à la vie monastique), Münsterschwarzach, 1979, p. 18.

ricordieux, comme notre Père céleste est miséricordieux (Lc 6, 36).

Un autre facteur de risque résulte de la démesure : c'est l'inconsistance et l'instabilité. Dans sa règle, Benoît lui-même décrit des moines qui mènent la vie déstructurée et instable des moines gyrovagues. Ils sont ceux

> qui n'ont jamais été éprouvés par aucune règle... Ce sont des natures qui deviennent molles comme du plomb. A deux ou à trois, ou même isolés, ils vivent sans pasteurs, ils s'enferment non dans les bercails du Seigneur, mais dans leurs propres bercails. Pour loi, ils ont la satisfaction de leurs désirs. Tout ce qu'ils ont imaginé et choisi, ils le disent saint, et ce qu'ils ne veulent pas, ils estiment que ce n'est pas permis... Toute leur vie, ils voyagent de pays en pays, toujours inconstants et instables, ils sont esclaves de leur propre caprice et du plaisir de leur palais[1].

L'absence de structure les rend malades. Vivre sans ordre extérieur, c'est sombrer dans le désordre. Refuser de suivre des rituels, en se laissant aller simplement à ses plaisirs et à ses caprices, c'est couler intérieurement. Tout se disloque. Il n'existe plus aucune prise pour retenir ce qui résiste, plus aucune structure dans laquelle on puisse se déployer.

L'inconstance se traduit souvent dans le corps par un laisser-aller. A cela, Benoît oppose la forme saine

---

1. *Règle de saint Benoit*, 1, 6-11.

de la discipline intérieure, qui s'extériorise par une démarche mesurée et une attitude physique appropriée. L'absence de structure est souvent aussi accompagnée d'absence de traditions. On vit comme si on n'avait plus aucune racine. Or, dans cet état, il est également impossible de grandir. L'attachement à une tradition compte beaucoup dans la découverte d'une identité saine. Sans racines, l'arbre se dessèche et l'être humain s'atrophie.

La perte d'une saine tradition conduit à la crise du sens. Pour Viktor Frankl, la maladie de notre époque est la névrose de type noologique. « Aujourd'hui, le patient typique souffre... d'un sentiment abyssal d'absurdité », il sent que son être n'a pas de sens[1]. A cela, Benoît oppose la foi en la présence de Dieu : « constamment, de façon durable, toujours, en tout temps, à tout instant, partout, quotidiennement, jour et nuit », nous devons considérer Dieu présent, lui dont le regard se tourne vers nous avec amour. C'est seulement quand nous vivons en relation permanente avec Dieu que nous sommes d'aplomb et que nous devenons bons, sains, et que nous formons un tout. En présence de Dieu et en Lui, notre vie prend un sens. Car nous ne vivons pas seuls, nous ne sommes pas sans relations, nous vivons donc de façon non absurde. Notre vie est en constante rela-

---

1. V. FRANKL, *Leiden am sinnlosen Leben* (Souffrance d'une vie absurde), Ratisbonne, 1973, p. 139, cité par Dufner [cf. *Le Dieu inconscient*, Centurion, 1975].

tion ; nous sommes toujours sous le regard de Dieu, constamment entourés de sa présence aimante et salutaire, toujours appelés par lui par notre nom, toujours invités par lui à aller à la découverte de la vie. C'est que le Seigneur nous recherche en nous demandant : « Qui est celui qui veut la vie ? et souhaite voir des jours heureux ? » Quand nous répondons à son appel, la promesse est valable pour nous : « Mes yeux seront sur vous et mes oreilles sur vos prières. Et avant que vous ne vous inquiétiez, je vous dirai : "je suis là"[1]. »

Sous le regard de Dieu et à son invitation, il est impossible que notre existence soit absurde. Nous faisons l'expérience de la vie et nous n'avons plus besoin de nous interroger sur son sens. La vie véritable a son sens en soi. Quand nous nous sentons vivre, la question du sens cesse de surgir. Notre foi est le meilleur remède à la crise du sens.

La crise du sens génère des flux de tristesse, d'irritation et de mélancolie. Si la joie est source d'énergie, la dépression, elle, est une sangsue des plus redoutables. La tendance à la dépression devient de nos jours de plus en plus forte. L'homme moderne vit dans une ambiance dépressive de résignation et de vacuité. La tradition monastique a l'expérience de la tristesse. Elle en connaît deux formes : d'abord l'apitoiement sur soi, le laisser-aller, les lamenta-

---

1. *Règle de saint Benoît*, Prologue, cf. Ps. 33, 13-15 et Is 58, 9 [NdT].

tions gémissantes, au motif que nos propres désirs ne sont pas comblés, et que l'on ne supporte pas de voir ses illusions connaître le sort des bulles de savon. L'autre forme de tristesse est l'*akedia* – l'acédie –, qui est la morosité et la langueur. On se sent tiraillé intérieurement et on cesse d'avoir du plaisir. Les moines parlent du démon de midi de l'*akedia*, maladie typique du milieu de la vie. Face à cette tristesse morbide (en grec *lupè*), les moines connaissent l'effet thérapeutique et purificateur du deuil (*penthos*). Dans le deuil, je me supporte tel que je suis, dans ma solitude et avec mes désillusions. Je ne refoule pas le deuil, mais je l'assume. Le deuil s'épanche dans les larmes qui purifient et libèrent, et font émerger en nous quelque chose de nouveau, tandis que la tristesse – d'après les moines – produit la sécheresse et elle est dépourvue de toute fécondité. Elle nous fait graviter autour de nous-mêmes. Faire le deuil conduit à une nouvelle qualité de joie et de vitalité. Cela signifie que l'on vit en relation avec les autres et qu'on le révèle à autrui. Alors la relation a un effet thérapeutique, tandis que si je reste isolé dans mon deuil, je risque de m'enliser.

Dans sa règle, Benoît s'en prend au péché de la tristesse et de la langueur. Si un frère est triste, on doit le consoler. Dans la maison de Dieu, tout doit être régi de sorte que nul ne soit ni « troublé ni contristé »[1]. En fait, ce n'est pas le deuil qu'il faut consoler, mais la tristesse, car elle entraîne les hommes de manière de plus en plus profonde à la dépression. Benoît entend modifier les conditions extérieures qui sont à l'origine de cette tristesse, créant une ambiance dans laquelle chacun est en mesure de vivre et d'œuvrer dans la joie. Mais si quelqu'un persiste à murmurer, cela traduit une disposition morbide, que Benoît dénonce avec vigueur : « Ce que nous recommandons avant tout : qu'on s'abstienne de murmurer[1]. » En murmurant, on passe à une attitude négative : on ne peut se réconcilier avec la réalité, mais on s'accroche à ses rêves infantiles. On ne trouve donc pas la réalité conforme à ces rêves, et on la ressent comme hostile et ingrate. Le murmure ronge l'âme humaine et lui ravit la joie. On se paralyse soi-même et l'on se trouve exclu de la vie à laquelle le Seigneur nous invite. Le murmure rend malade. Et finalement, il n'existe aucun remède contre le poison de l'irritation, de la tristesse et de l'agacement. Benoît recommande au cellérier de n'éconduire personne. S'il n'a rien à donner, qu'il donne au moins une bonne parole, car « une parole bienveillante vaut mieux que le don le meilleur ! »[2]. Le cellérier est donc en quelque sorte responsable du climat de contentement et de joie. Mais à cela s'ajoutent les dispositions intérieures des moines, accep-

---

4. *Ibid.*, 31, 19.

1. *Ibid.*, 40, 9.

2. *Ibid.*, 31, 14.

tant avec gratitude leurs conditions de vie. Benoît sait bien que la vie d'un moine ne peut réussir que « dans la joie de l'Esprit Saint »[1] . Et c'est un critère important de notre spiritualité : qu'il émane de nous une joie tranquille qui, en nous et dans notre entourage, transforme toute tristesse en joie ; il ne sert de rien de réitérer des appels moralisants à être dans la joie, qui tout au plus dissimulent la tristesse : il faut l'illuminer de l'intérieur.

Un autre facteur de risque de notre époque est le bruit et la surabondance d'excitations acoustiques et optiques. La pollution sonore ne nous permet plus de connaître le silence bienfaisant. Nous sommes agressés de toutes parts. Et partout les images nous assaillent. Face à ce flot de paroles et d'images, Benoît propose le remède du silence. Car c'est dans la paix que l'homme se trouve et qu'il peut se libérer du vacarme de ses pensées pour parvenir là où Dieu demeure en lui, là où les problèmes et les soucis quotidiens ne peuvent avoir accès. Du lieu de ce silence limpide, l'homme est à même de connaître la guérison. Car il entre en contact avec son centre véritable, avec l'image même que Dieu s'est faite de lui.

Mais quand on se met en silence, on ne peut empêcher malgré tout que d'innombrables paroles et

1. *Ibid.*, 49, 6

images surgissent en nous. La solution serait de dépasser le plan des images et des paroles, pour s'enfoncer dans ce lieu du silence qu'est la fine pointe de l'âme, dépourvue de paroles et d'images, selon la recommandation des mystiques. Une autre voie consiste à leur opposer des paroles et des images salutaires. Ailleurs, nous avons détaillé cet effet thérapeutique des paroles de l'Écriture, que le moine ne cesse de méditer ou de « ruminer »[1]. Un autre remède important serait la méditation des images de la Bible. Car ce sont des images salutaires. La médecine globale parle de figures positives et négatives. Quand l'on demande à un malade de dessiner une image de son corps, il la dessine souvent de manière sombre et tiraillée. L'image est l'expression de la conscience qu'il a de son corps. Et précisément pour contrer ce sentiment négatif qu'il éprouve envers son corps, on lui propose comme remède la méditation de figures positives. Par exemple, on peut imaginer que notre corps possède une source lumineuse et que la lumière pénètre dans toutes les parties malades. La thérapie recourt intentionnellement à des pratiques qui font intervenir l'imagination. Elles rendent possibles la perception positive du corps et opèrent un effet salutaire et clarifiant. Par exemple, on recommande de se détendre et de laisser surgir en soi des images :

1. Cf. A. Grün, *Einswerden* (Unifier).

> Imaginez que vous expirez un nuage de grisaille... tous vos soucis, vos tensions et vos anxiétés... et maintenant imaginez qu'à chaque inspiration vous êtes en train d'accueillir la clarté et la lumière, l'affection et la chaleur[1].

De telles représentations peuvent opérer une transformation de l'état général. Simonton propose des exercices semblables pour lutter contre le cancer. Et son expérience a été de voir les globules blancs absorber les cellules cancéreuses, en les éliminant du corps, ce qui fait réellement reculer le cancer[2].

De nombreuses images bibliques sont des images salutaires. Elles nous montrent qui nous sommes en réalité. L'image du corps temple de Dieu est une de ces images positives. Si je me représente mon corps comme temple de Dieu, je me découvre autrement dans mon corps. Un temple est un bâtiment spacieux et ouvert, qui comporte des salles vastes et élevées, où la rencontre d'autrui est possible. Saint Jean nous dit que par son incarnation, le Christ est entré dans notre marché couvert, où les voix des commerçants se couvrent les unes les autres et où nos pensées font du bruit : nous ne pensons qu'à l'importance de notre valeur marchande et à la bonne affaire que nous pourrons négocier. L'image du marché couvert raidit notre corps, car il nous faut contracter tous nos

---

1. F. TEEGEN, *Ganzheitliche Gesundheit,* p. 260.
2. Cf. SIMONTON, *Wieder gesund werden* (Redevenir bien portant).

muscles, afin de ne pas laisser libre cours aux « colombes » et aux « bovins » (les pensées vagabondes et les instincts), d'où il résulterait un désordre généralisé

En revanche, l'image du temple nous épanouit intérieurement ; nous pouvons y respirer ; nous en ressentons la beauté et la splendeur ; tout en nous devient lumineux et splendide. Une telle image peut avoir un effet thérapeutique. De nombreuses écoles de psychologie travaillent en recourant à ce type de figures. Mais ce sont souvent des images de pure invention, alors que les images de la Bible ne sont pas inventées : au contraire, Dieu lui-même y esquisse une image de notre personne, une image qui correspond à notre être profond, et qui peut nous libérer des multiples images qui nous en ont caché d'autres ou avec lesquelles notre propre Surmoi a masqué notre être profond. Les images de la Bible visent à nous tenir sous les yeux notre image véritable. En les méditant, nous ressentons ce que nous sommes en vérité. Ce qui est étrange et ce qui rend malade peut disparaître et nous devenons alors sains et bien portants.

Il y aurait encore bien d'autres éléments thérapeutiques indiqués par la spiritualité bénédictine. Hildegarde de Bingen a montré comment recourir aux vertus curatives de la nature contenues dans les plantes médicinales. Elle a véritablement développé un type de médecine que la médecine globale moderne redécouvre. Dans les jardins des monastères et les pharmacies des couvents, on a quelque peu pratiqué cette médecine « alternative ». Il serait intéressant d'entreprendre des recherches sur ces méthodes de soins. Beaucoup d'entre elles sont aujourd'hui mises en pratique dans le cadre de l'anthroposophie et de la médecine holiste. La redécouverte de ces méthodes chrétiennes de soins médicaux, telles que les a pratiquées Hildegarde de Bingen, serait une nécessité actuelle[1]. Une spiritualité globale constituerait certainement une part non négligeable d'une médecine alternative dans l'esprit de la tradition chrétienne, car elle peut contribuer à soigner l'homme dans son intégralité.

Énumérons à présent quelques aspects thérapeutiques de la vie spirituelle qui, ailleurs, ont fait l'objet de longs développements. C'est d'abord la liturgie, avec ses rites bénéfiques, dans lesquels l'homme s'implique dans sa propre vérité, évacuant ainsi toutes les misères inhérentes à son travail et à sa vie quotidienne. L'année liturgique, avec ses fêtes, est un psychodrame dans lequel le salut de l'homme entre en jeu[2]. Les différentes fêtes que l'on célèbre

---

1. Cf. H. Schipperges, *Hildegard von Bingen, Ein Zeichen für unsere Zeit* (Un signe pour notre temps), Francfort, 1981.

2. Cf. sur le sujet, A. Grün, M. Reepen, *Heilendes Kirchenjahr. Das Kirchenjahr als Psychodrama* (L'année liturgique, source de guérison. L'année liturgique comme psychodrame), Münsterschwarzach, 1986.

au cours de l'année liturgique abordent les aspects les plus importants de notre âme. On peut envisager ce qui en nous est malade et desséché, ce qui est refoulé et opprimé : tout cela, on peut le présenter à Dieu qui guérit. Mais, lors des célébrations, nous sont également exposées les possibilités d'une incarnation réussie. Ainsi, au fil des diverses fêtes, toutes les cordes de notre âme vibrent et peuvent faire retentir en nous la mélodie divine. Les Anciens ont connu l'effet thérapeutique du chant des psaumes. Chanter chasse toute tristesse. Cela fait monter en notre cœur des sentiments de joie et de paix et nous guérit de notre mécontentement intérieur. Chaque jour, les moines chantent plusieurs fois les psaumes, ce qui leur offre une bonne occasion de purifier et d'illuminer leur âme. Où donc aujourd'hui un homme ordinaire peut-il chanter et où peut-il trouver un lieu où cultiver ses sentiments et les exprimer de façon libératrice ? La liturgie serait ce lieu et les mélodies liturgiques, telles que le chant grégorien, sont des musiques bienfaisantes, grâce auxquelles nous pouvons ordonner et éclairer les émotions de notre âme. La Bible est elle-même un livre thérapeutique. Elle décrit notre vie, telle qu'elle est. C'est de la psychologie narrative. Elle ne passe rien sous silence. La Bible nous donne le courage d'affronter nos propres angoisses, nos soucis, même notre faiblesse et notre propre culpabilité. Elle n'édulcore rien. Elle décrit des personnes malades, pécheresses, rencontrant Dieu ou son Fils Jésus Christ, obtenant la guérison et découvrant de nouvelles potentialités dans leur vie. Les récits bibliques nous permettent de nous retrouver avec tous les abîmes de notre cœur, toutes nos plaies et toutes nos blessures, nos besoins et nos désirs inassouvis. Et nous pouvons les regarder et les présenter à Dieu. Comme ceux qui, dans leur rencontre avec Jésus, ont subitement retrouvé le courage de se redresser et de prendre leur vie en main, ont été guéris et ont pu s'accepter eux-mêmes, nous aussi nous pouvons être totalement transformés par l'énergie salvifique de Jésus Christ et guéris dans notre rencontre avec Lui.

Une spiritualité qui englobe l'homme tout entier, son corps et son âme, la conscience et l'inconscient, ce qui est sain et ce qui est malsain, serait pour notre époque malade un remède hautement souhaitable. Une spiritualité saine rend l'homme bien portant en son corps et en son âme. Mais ce n'est pas au surhomme hyperactif que nous devons appliquer la notion de santé, c'est au contraire à l'homme sauvé en son tréfonds par le Christ et qui de ce fait rayonne une paix profonde dans sa faiblesse humaine et sa maladie physique. Beaucoup de médecins savent aujourd'hui que l'homme n'a pas seulement besoin d'une bonne médecine, mais aussi d'une spiritualité saine. Les médicaments et les appareils technologiques sont loin d'être suffisants et une psychothérapie excluant la dimension spirituelle est impropre à guérir l'homme de façon radicale. Pour être intégralement sauvé, l'être humain a besoin d'une spiritualité qui intègre l'aspiration religieuse, qui l'arrache à ses obsessions individuelles et le fasse grandir par-delà lui-même dans l'union à Dieu. Mais n'importe quelle spiritualité ne rendra pas l'homme bien portant. Il y a malheureusement beaucoup de spiritualités fausses, qui ne font que conduire l'homme à la névrose. La piété à elle seule n'est pas un critère suffisant pour rendre l'homme bien portant. Il faut une spiritualité qui corresponde aux références de la tradition chrétienne, telles qu'elles n'ont cessé d'être décrites par l'Église des premiers âges, le monachisme et la tradition mystique. Elle doit résister à l'examen de la psychologie, qui sait reconnaître si un homme est bien vivant, mûr, libre et capable d'aimer, en paix avec soi-même et avec le monde, habité par une joie contagieuse féconde.

4

CRITÈRES D'UNE SPIRITUALITÉ SAINE

Il existe de nos jours une grande quantité de spiritualités, tant à l'intérieur qu'à l'extérieur de l'Église. Souvent, le discours ne permet pas à lui seul de savoir si telle forme de spiritualité est bénéfique ou néfaste pour la santé. C'est à ses effets que l'on peut juger de la qualité d'une spiritualité, à ses conséquences sur la psyché d'un individu, sur sa vie relationnelle et sur son travail, ainsi qu'à travers son engagement dans le monde. Nous voudrions, à partir de la tradition monastique, établir quelques critères qui permettent de reconnaître la valeur d'un courant de piété. Précisément, face à la diversité des propositions spirituelles, ils pourraient offrir quelques repères qui nous mettront en garde contre une spiritualité erronée et nous conduiront à une spiritualité authentique.

Voici donc ce que devrait être une spiritualité porteuse de santé et de vitalité.

1. Mystagogique et non moralisante

Une spiritualité est dite « mystagogique » quand elle fait entrer dans le mystère de Dieu et dans le mystère de l'homme. Du point de vue de son histoire, la spiritualité a toujours été mystagogique. Il s'agit pour elle d'initier l'homme à l'expérience de Dieu. Tous les moyens ascétiques ont été conçus pour nous aider à lever les obstacles qui tendent à nous éloigner d'une rencontre authentique et salutaire avec Dieu. La lutte contre les huit vices principaux, telle que les moines des premiers siècles l'ont formulée, doit s'entendre de façon non moralisante, mais mystagogique. Il ne s'agissait pas de devenir sans fautes, mais d'emprunter un itinéraire qui permette de rencontrer Dieu et de parvenir à devenir soi-même. Jamais les moines n'ont décrit le but de la voie spirituelle comme la perfection morale, mais ils ont utilisé des concepts psychologiques comme la pureté du cœur (Cassien), l'*apatheia* (la sérénité, identifiée chez Évagre le Pontique au pur amour), l'*ataraxia* (l'intrépidité, ou l'absence de peur, chez Athanase). Les huit vices principaux (gourmandise, luxure, avarice, colère, tristesse, acédie, vaine gloire et orgueil) sont de mauvais comportements psychologiques, qui nous empêchent d'accéder à notre humanisation et à la rencontre sans obstacle avec Dieu. Ils nous empêchent de devenir libres pour Dieu. La pureté du cœur est une liberté intérieure, grâce à laquelle l'homme devient totalement lui-même, sans être ballotté par ses propres désirs et par ses besoins, ni déterminé par les attentes et les propositions d'origine humaine. Le but que se fixe la spiritualité mystagogique est donc une nouvelle expérience de soi-même, une expérience de soi bénéfique, qui s'effectue en rencontrant Dieu et en s'unissant à Lui. L'ascèse offre une aide qui nous conduit à l'union à Dieu et par là, à l'union avec nous-mêmes et avec toute la création.

La priorité d'une spiritualité « moralisante » est de lutter contre les fautes et les péchés. Elle part d'un idéal de perfection morale et elle ne cesse d'inspirer une mauvaise conscience aux sujets. La plus grande erreur des deux derniers siècles chrétiens a été d'identifier foi et morale. Il n'en allait pas ainsi au cours des premiers siècles du christianisme. Il s'agissait alors de l'expérience spirituelle et de la rencontre avec Dieu. C'est seulement quand le courant moralisateur du jansénisme l'a emporté sur le grand courant mystique de l'école française, disons aux environs des années 1700, que l'on s'est polarisé sur les péchés, et avant tout sur les péchés sexuels. On flairait partout les défaillances de cette nature et on dépensait toute son énergie dans une lutte angoissée contre le péché. Le jansénisme a tari la vie spirituelle en France. Partout on ne trouvait qu'étroitesse et anxiété. Notre époque souffre encore des conséquences du jansénisme. Toute cette étroitesse et toute cette anxiété, que respirent bien des écrits des deux derniers siècles, s'expliquent par là. Et la morale sexuelle, qu'aujourd'hui encore on présente comme venant de l'Église officielle, ne provient pas de la grande tradition des premiers siècles chrétiens, mais elle remonte au jansénisme. Le monachisme des premiers siècles parle positivement et sans fard de la sexualité, et surtout, il ne la met pas au centre de la lutte ascétique. On y traite davantage de la colère et de l'orgueil.

Une spiritualité mystagogique a pour objet l'expérience de la vie que Dieu nous a donnée. Plus nous moralisons, moins nous avons en nous de vitalité. Quand des prêtres célibataires (pape et évêques compris) placent au sommet de leur action pastorale le respect de la morale sexuelle, et avant tout la morale sexuelle que doivent observer les femmes, cela trahit davantage leur propre situation psychologique, leur zone d'ombre et leurs carences spirituelles que la justesse de leurs prescriptions morales. Évidemment, il n'y a pas de vie spirituelle sans morale. Mais la morale suit l'expérience spirituelle et non l'inverse. Le défi lancé par le *New Age*, en quête d'expérience spirituelle, nous incite fortement à revenir, par-delà la victoire remportée par le jansénisme, à la grande tradition mystique du christianisme, en vue de la raviver. Les partisans de la morale se sentent souvent des ailes de prophètes envoyés par Dieu pour dénoncer la débauche de notre époque, afin de contenir le flot de la corruption. Mais leurs discours enflammés sur la misère morale de l'humanité traduit le tiraillement de leur propre esprit et la menace de leur zone d'ombre, objet de leur refoulement. *Ton langage te trahit*, dit la servante à Pierre[1]. Quand nous tempêtons contre l'immoralité de notre temps, c'est toujours de nous que nous parlons, trahissant ainsi notre inquiétude et notre désir secret de l'objet même de notre discours sentencieux. L'effet thérapeutique et édifiant des discours de ces apôtres de la morale est généralement bien faible, car dans leur croisade moralisante, ils tournent sans cesse autour de leur ombre. C'est souvent, de leur part, l'expression d'un manque d'expérience de la Bonne Nouvelle libératrice annoncée par Jésus Christ. Si nous proclamons avec foi la vie donnée en plénitude par le Christ, Dieu touchera alors les cœurs pour les amener à la conversion et leur donnera l'espérance du salut et de la rédemption, bien davantage que par un discours moralisant.

2. *Libératrice et non pas accablante*

Une spiritualité qui repose sur l'Esprit de Jésus conduit les hommes à la liberté des enfants de Dieu. Elle nous communique quelque chose de cette liberté que Dieu dispense quand nous lui donnons accès en nous. Le lieu où Dieu en nous demeure est inaccessible aux hommes et aux requêtes qu'ils nous adressent. C'est un lieu où Dieu nous libère de ce monde, des attentes et des requêtes des hommes.

4. Mt 26, 73.

Cette liberté ne s'exprime pas dans une attitude laxiste, mais bien au contraire par un comportement conforme au Sermon sur la Montagne. Ce dernier est l'expression de l'expérience de la liberté chrétienne et ne peut être bien compris que dans ce sens. Si nous sommes enfants de Dieu et non plus suspendus à l'avis et à la considération des autres, nous sommes affranchis de toute contrainte, ce qui nous permet de nous affirmer nous-mêmes, et d'agir de la manière exposée par le Christ dans le Sermon sur la Montagne. Il est fréquent qu'on accable les chrétiens par le rappel des principes spirituels. Cela provient d'un idéal erroné de la perfection. Il faudrait que l'être humain soit toujours meilleur et d'une pureté de plus en plus grande, jusqu'à ce qu'il atteigne la perfection divine. C'est une utopie, cruelle pour l'être humain. Car pour être à même de tenir cet idéal, on doit rejeter de soi tout ce qui est négatif et refouler notre zone d'ombre. Mais voilà qui déchire le cœur humain et le plonge dans l'angoisse et la frayeur, face à tout ce qui ne cesse de surgir dans son âme. Les paroles ont beau paraître édifiantes, elles ont un effet inverse. Elles n'édifient pas, au contraire, elles sont accablantes et ont un effet destructeur : elles conduisent souvent à la névrose. On peut discuter sur le fait de savoir si c'est une spiritualité malsaine qui conduit les hommes à la névrose ou si c'est le névrotique qui se crée une spiritualité qui confirme sa névrose et qui peut se manifester sous l'apparence de la piété. L'essentiel est de savoir discerner le caractère névrotique d'une spiritualité. Dans sa description de la spiritualité névrotique, Johannes Torello nous donne d'importants repères qui nous permettent de reconnaître la morbidité.

> Le névrosé confond l'idéal de perfection avec l'absence de faute. Le névrosé, au lieu de se conformer à un idéal qui se trouve en dehors de lui et au-dessus du Moi, conduisant à l'unification de sa personnalité – ce qui permet de garder le sens de sa peccabilité et de sa vulnérabilité, et a en même temps pour effet de le stimuler et de l'encourager –, se complaît seulement dans le Moi idéalisé, et il s'imagine qu'il aime le véritable idéal, mais il ne trouve ni la paix ni l'équilibre. Il connaît seulement une religion de la peur ; il n'acquiert pas « l'amour qui bannit la crainte »[1] et c'est pourquoi il est dur et impitoyable envers les autres, auxquels il veut imposer son idéal, sans être en mesure de le présenter. Avant toute chose, il remplit son devoir, une sorte de devoir, qu'il a identifié avec lui-même (ce qui correspond plus ou moins au Surmoi freudien), mais il ne sait pas hiérarchiser ses obligations et il satisfait à celles dont le non-accomplissement lui causerait une plus grande souffrance. Il s'accroche au devoir pour échapper à l'anxiété : il oublie les valeurs spirituelles, et dans l'accomplissement de ses obligations, il ne recherche que sa satisfaction personnelle. Pour lui, la motivation du devoir l'emporte sur celle du bien. Dans sa quête de sécurité, refuge de son narcissisme et son amour-propre sans borne, il s'en remet totalement à l'accomplissement du devoir.

1. 1 Jn 4, 18.

Le névrosé éprouve des sentiments de culpabilité indépendamment des fautes qu'il a vraiment commises et il s'inquiète pour des vétilles, mais il est parfois fort indulgent pour des fautes vraiment graves et il s'abandonne à la tristesse ; il se sent souvent indigne et médiocre ; il a de la peine à penser qu'en chacun de nous il y a une part de bien et qu'il existe la grâce « qui seule suffit »[1]. Pour toutes ces raisons, il s'expose à des tentations permanentes et insistantes, qu'il confond facilement avec des péchés. Il lui arrive de faire pénitence, mais davantage à cause du mal qu'il fuit, qu'à cause du bien qu'il devrait rechercher. Le mal le poursuit et le bien ne l'attire pas et il sombre souvent dans la position de l'agneau sacrificiel. Le névrotique ignore la patience, salut de l'âme ; il ne sait pas attendre, ni accepter la lenteur du progrès, ni s'en remettre à la Providence ; il est facilement mélancolique et sa mélancolie flatte son amour propre : « Comme je suis donc bon, si je m'attriste tant de ne pas l'être ! » ... Il ignore toute générosité, toute audace, et tout dévouement par lequel on s'oublie soi-même.

Les névrosés confondent timidité et humilité, frigidité et chasteté, sentimentalité et piété (que saint Thomas définit comme un acte volontaire), peur et intelligence, indulgence et compréhension, paresse et esprit de conciliation, inactivité et douceur, médiocrité et modération, peur de ce qui est grand et amour des petites choses, instinct de domination et empressement, peur de l'héroïsme et amour du quotidien, superstition et foi, plaisir et péché, etc.[2]

---

1. Cf. 2 Co 12, 9 (NdT).

2. J. B. Torello, « Neurose und Spiritualität » (Névrose et spiritualité), in *Christ* 34 (1988), pp. 33-35.

Une spiritualité névrotique refoule la zone d'ombre et se crispe sur des idéaux, sans jamais pouvoir les atteindre. En cherchant à s'identifier à un idéal élevé, le névrotique tente de compenser son complexe d'infériorité en s'efforçant d'accroître le sentiment de sa propre valeur. Mais l'ombre ne se laisse pas impunément refouler en nous. Elle se manifeste sans cesse, et de diverses manières. Elle peut d'abord s'extérioriser dans la dureté d'un jugement sur les autres qui ne respectent pas les commandements de Dieu, ou même dans le rappel moralisateur à l'observation pointilleuse de tous les commandements. Quand sa propre spiritualité se pratique au prix d'une diabolisation d'autres groupes, c'est toujours le signe que sa propre zone d'ombre n'est pas assumée. On a alors besoin d'un bouc émissaire, sur lequel on puisse décharger celle-ci : il faut tenir son ombre à distance, en la diabolisant chez autrui.

La seconde manière adoptée par notre zone d'ombre pour s'extérioriser est l'oscillation entre l'enthousiasme et la dépression. Dans les périodes positives, on est fasciné par l'amour de Dieu et on vit dans un état permanent d'exaltation. Mais comme personne ne peut être en forme olympique de façon permanente, souvent se manifeste l'attitude contraire. Or, on ne peut pas la concilier avec l'image de Dieu qui est la sienne, si on se sent vide et sans beaucoup d'amour de Dieu en soi : en ce cas, on sombre facilement dans une profonde dépression.

On se dénigre et on se tourmente en se faisant des reproches à soi-même, comme si c'était de sa propre faute que l'on se sente ainsi, et comme si cela provenait de ce que l'on ne prie pas assez et que l'on fasse trop peu d'effort pour aimer. Alors commence le cycle de l'auto-accusation, qui inévitablement conduit à la situation connue par le prophète Élie, qui après son grand triomphe sur les prêtres de Baal s'est couché : il souhaite mourir, parce qu'il ne peut supporter de ne pas être meilleur que ses pères[1]. Quand on est trop préoccupé de soi et de sa perfection, et non de la miséricorde de Dieu, on ne peut se pardonner à soi-même. Et quand on adopte une telle attitude, le pardon divin n'y suffit pas. Dieu est envers nous plus miséricordieux que nous-mêmes. Le névrosé est incapable de s'aimer soi-même. L'expérience montre qu'il est facile d'aimer autrui. Il est déjà plus difficile d'aimer son conjoint, que l'on fréquente quotidiennement. Mais le plus difficile est de s'aimer soi-même. Or c'est justement ce qui ferait du bien au névrosé. Car c'est bien sa propre souffrance que de ne pouvoir s'aimer, puisqu'il ne tient pour aimable qu'un individu parfait.

Benoît montre dans sa règle comment nous pouvons parvenir à cet amour de soi. Il ne nous faut pas tant nous regarder nous-mêmes et nos défauts, mais

1. Cf. 1 R 19, 1s.

il faut regarder la miséricorde de Dieu. Au terme d'une longue énumération des moyens spirituels, qui doivent nous aider à travailler sur nous-mêmes et à nous ouvrir à Dieu, il indique comme moyen spirituel capital : « Ne jamais désespérer de la miséricorde divine[1]. » Benoît veut nous montrer par là de quelle façon nous devons recourir aux moyens ascétiques. Si nous les pratiquons uniquement en vue de nous perfectionner nous-mêmes et si notre ascèse n'a pour unique but que notre personne et notre désir d'être bon, cela nous conduira inévitablement au désespoir et à la haine de soi. Au contraire, notre ascèse ne doit pas consister à tourner autour de nous, mais elle doit chercher à rencontrer Dieu. Il ne s'agit pas de savoir à quel point nous sommes bons devant Dieu, l'important est que nous ne cessions de présenter à Dieu nos efforts et nos manquements, en mettant notre joie dans sa miséricorde. Notre ascèse n'a rien à voir avec un sport de haute compétition, où il s'agirait réaliser des performances, mais c'est un chemin qui nous mène à une relation authentique et profonde avec Dieu, et à un amour qui regarde l'amour de miséricorde divine, sans repli narcissique sur soi. Le trouble narcissique de celui qui « veut être totalement autonome, atteindre une maîtrise absolue et s'obliger à être toujours le plus grand, a un effet

1. *Règle de saint Benoît*, 4.

dévastateur »[1] et cela se termine souvent par un infarctus. Bien des âmes pieuses confondent leur piété avec l'obsession narcissique de leur propre perfection. Or, seul le regard porté sur la miséricorde de Dieu peut nous libérer intérieurement et nous amener à un sain amour de soi. En revanche, la quête de la perfection nous accable de manière funeste et nous fait sombrer dans le désespoir.

3. Solidaire et non solitaire

Une spiritualité authentique nous rend solidaires de tous les hommes. Nous devenons les uns pour les autres des frères et des sœurs. Quand on se connaît bien soi-même, on se sent intérieurement en solidarité avec tous les hommes. On se sent unis dans la souffrance devant la vulnérabilité humaine et dans l'aspiration à un Dieu source de guérison et de libération. On est conscient que tous les hommes ont les mêmes désirs et les mêmes besoins, ainsi que la même dignité et qu'en tous réside un mystère qui les dépasse, une source divine, une dignité intangible, que personne ne peut leur ravir.

Si notre spiritualité nous conduit à diviser les hommes en croyants et en non-croyants, en fidèles

---

1. G. Overbeck, *Krankheit als Anpassung. Der sociopsychosomatische Zirkel* (La maladie comme adaptation. Le cercle sociopsychosomatique), Francfort, 1984, p. 64.

et en hérétiques, en hommes de piété et en mécréants, en bons et en mauvais, c'est le signe d'une spiritualité morbide. Si, au terme de journées de réflexion, la moitié d'une classe étant enthousiasmée par le Christ, l'autre moitié, qui ne veut rien savoir du Christ, se trouve estampillée comme incroyante, c'est que la foi qui a été transmise n'est pas la véritable foi en Jésus Christ. Jamais le Christ n'a catalogué les hommes. Il a même découvert et interpellé chez les pécheurs et les publicains leur bon fond et leur désir de croire. Comme Benoît l'écrit sans sa règle, la foi doit stimuler les forts et encourager les faibles. Elle doit d'une part ne jamais nous laisser en repos et d'autre part ne pas nous laisser errer avec une mauvaise conscience. Contrairement à ce que pensent bien des prêtres, la mauvaise conscience n'est pas le signe d'un individu pieux, mais elle indique, au contraire, que la personne est obsédée par la recherche de soi et de sa propre perfection, au lieu de tourner son regard sur la miséricorde de Dieu, qui l'accueille et dont il peut se réjouir avec gratitude.

Par ailleurs, une spiritualité solidaire est toujours une spiritualité qui crée un climat communautaire. Elle ne se rapporte pas seulement à un individu isolé, mais elle renvoie à la communauté, et donc à l'Église. Une spiritualité chrétienne ne peut vivre l'esprit de Jésus Christ qu'avec d'autres. Car le Christ a toujours envoyé ses disciples deux par deux, pour annoncer ensemble la miséricorde de Dieu. Un prophète isolé ne peut que catapulter isolément la Parole de Dieu aux hommes. Pour être crédible, le prédicateur de la Bonne Nouvelle de Jésus doit être membre d'une communauté, car c'est ensemble que nous apprenons, à quel point nous sommes dépendants de la miséricorde de Dieu et de quelle façon nous pouvons, grâce à elle, vivre ensemble humainement. Aussi n'est-il pas possible de parler de la miséricorde divine de manière abstraite, mais seulement en la découvrant et en la vivant ensemble. Une spiritualité qui isole les sujets en ne se souciant que du salut personnel de leur âme est donc en contradiction avec l'Esprit de Jésus.

Pour une authentique spiritualité, qui soit solidaire et non source d'isolement, la question de nos relations est d'une grande importance. Une vie spirituelle saine implique des relations humaines saines. Si notre vie quotidienne se caractérise seulement par des relations machinales, nous en deviendrons malades. Notre vie spirituelle se déroulera de façon automatique, mais il n'émanera rien de la bonté et de la philanthropie de Dieu. Pour que notre vie spirituelle demeure saine et vivante, nous avons besoin de nouer de bonnes relations humaines, chaleureuses et joyeuses, dans lesquelles nous savons perdre du temps pour autrui. Une amitié véritable enrichit aussi la vie spirituelle. La Tradition monastique en a toujours été bien consciente. Une amitié authentique implique en retour un juste équilibre entre solitude et communauté. On ne doit pas se cramponner l'un à l'autre : il faut garder sa liberté dans un rapport réciproque. Une solitude de bon aloi conduit à Dieu, mais une solitude négative devient pour beaucoup une source de maladie. Les grands mystiques ont toujours compté de bons amis. Quand un homme pieux est tout à fait solitaire, il se pose au moins la question de savoir si sa piété est de qualité ou si elle n'est pas un refuge artificiel dans le monde de la piété. De nos jours, il existe des familles qui n'ont plus d'amis. C'est toujours le signe que quelque chose ne va pas dans la vie familiale. Une spiritualité saine nous rend capable de relations et nous ouvre à une authentique amitié pour le Dieu d'humanité, qui s'est fait proche de nous en Jésus Christ.

4. Ouverte au monde et non étrangère au monde

Selon Benoît, le travail est un critère qui nous permet de savoir si notre prière est correcte. Une spiritualité saine nous entraîne toujours dans le quotidien et nous rend apte à maîtriser de façon objective la vie de tous les jours dans les exigences de la vie commune et dans le travail. Si on pratique la piété en fuyant de façon constante devant la réalité de la vie quotidienne, on n'est pas authentique. On tourne en rond. Et tous les sentiments religieux sont une pure jouissance égoïste et non une jouissance de Dieu et une rencontre du Dieu véritable, qui m'appelle et me sollicite. Le principe de réalité s'impose pour juger d'une spiritualité. Si quelqu'un court d'une retraite spirituelle à une autre pour fuir la grisaille de la réalité, sa vie spirituelle n'est pas bonne, car en fait, celle-ci doit précisément nous rendre apte à dire oui aux tâches que Dieu place dans notre quotidien.

Le contrôle réel de notre vie spirituelle se rapporte avant tout à la manière dont nous travaillons : est-ce de façon compliquée et sans concentration, ou bien irrégulièrement et avec inhibition ? Les fautes que nous commettons dans notre travail reflètent celles qui se trouvent en notre âme. Un comportement compliqué et inhibé montre que nous avons besoin de toute notre énergie pour y faire le ménage, de sorte qu'il n'y a plus rien de libre pour une activité extérieure. Nous roulons pour ainsi dire en serrant le frein à main, par peur de la vie, finalement par peur de la rencontre avec Dieu. Si quelqu'un se coince constamment les doigts et qu'il laisse souvent tomber le marteau sur ses orteils, c'est l'expression d'un désordre et d'un tiraillement à l'intérieur de lui. Cela peut être même une auto-punition inconsciente. L'extérieur est toujours un signe de ce qui se vit à l'intérieur. Le niveau de l'action est une source capitale pour juger des répercussions de la piété en nous. Si des hommes de piété sont non concentrés et dissipés au travail, c'est que leur piété manque manifestement de force de cohésion et de structure. C'est pure déflagration, une simple occasion d'échapper avec bonne conscience aux exigences de la vie.

Une spiritualité ouverte au monde intervient dans le monde. Elle structure et informe le monde ; elle agit de façon salutaire sur ses institutions et elle agit politiquement pour le bien des hommes, avant tout au bénéfice des pauvres et des marginaux. L'option pour les pauvres n'est pas simplement un aspect de la théologie de la libération, mais un critère capital de l'authenticité du christianisme. Une spiritualité qui se console avec l'au-delà est l'opium du peuple. Aujourd'hui, en Amérique du Sud, des sectes chrétiennes reçoivent le soutien financier de la C.I.A. (les services secrets américains) ; elles entraînent des adhérents à exprimer leur enthousiasme dans leurs chants, mais se refusent à intervenir pour effectuer le moindre changement dans les structures sociales et politiques, alors que c'est la croix que nous avons à porter. Par cette perversion de la religion, la C.I.A. entend briser la puissance de l'Église catholique, qui s'engage aux côtés des pauvres. On abuse ainsi de la religion pour maintenir des conditions politiques et économiques injustes. Le véritable disciple du Christ s'insurge contre de telles récupérations. Il tente de prendre parti en faveur des pauvres et de s'engager socialement et politiquement contre les conditions d'injustice, sans bien sûr s'immerger totalement dans la transformation du monde. Mais précisément parce qu'il croit en un au-delà, il est en mesure de s'engager pour l'amélioration des conditions de vie, avec sérénité et sans la fureur impuissante de ceux qui recourent à la violence.

5. En quête de Dieu et non de sensation

Bien des formes de spiritualité promettent une expérience de Dieu. Ce faisant, elles rejoignent notre désir commun à tous. Nous entreprenons un itinéraire spirituel pour faire des expériences spirituelles, afin de vivre en Dieu. Cela est légitime et bon. Mais nous risquons aujourd'hui de nous en tenir à l'expérience vécue et aux sensations. Elles comptent alors plus que Dieu en personne et finissent par nous masquer Dieu. Il nous faut alors entendre la protestation de tous les mystiques, nous rappelant que nos pensées et nos sentiments peuvent nous cacher le Dieu véritable ; s'ils nous sont plus importants que Dieu, jamais nous n'aurons accès à Lui. C'est pourquoi Benoît demande à ses moines de se mettre vraiment en quête de Dieu : qu'ils recherchent dans toutes leurs pensées et leurs sentiments, dans toutes leurs expériences et tout leur vécu le Dieu véritable, qui surpasse tous les mirages humains.

Nous avons besoin de faire l'expérience de la foi. Il ne suffit pas de demander aux hommes de se contenter de croire, il faut les acheminer vers une expérience de foi. Et pour cela, il faut que leur sentiment soit sollicité et qu'il puisse s'exprimer de façon enthousiaste au cours de la liturgie. Mais nous devons dépasser ce niveau pour accéder au Dieu véritable. Il ne faut pas nous arrêter à ce que nous ressentons, ni mesurer notre foi à l'aune de notre sensibilité. Celle-ci nous permet d'avoir contact avec Dieu, mais si nous restons rivés à ce que nous éprouvons parce que nous nous y complaisons, Dieu nous échappe. Nous nous arrêtons à nous-mêmes. Nous projetons nos propres images et fermons notre regard sur le vrai Dieu. Ces images sont profitables si nous les utilisons comme des fenêtres ouvertes sur Dieu, mais si nous nous demandons inlassablement ce qu'une liturgie ou une méditation nous apporte, nous instrumentalisons Dieu. Henri Bremond pense que le panhédonisme, toujours en quête de plaisir et de beauté, est un grand danger pour la vie spirituelle et freine tout progrès[1].

Une spiritualité dont le véritable objet est Dieu, et non d'abord la sensibilité, est une spiritualité sobre. C'est ainsi que s'exprime saint Ambroise qui parle de la *sobria ebrietas* (de la sobre ivresse) de l'Esprit, qu'il oppose à l'enthousiasme aveugle. Quant aux mystiques, ils parlent des images de la

---

1. Cf. Henri BREMOND, *Das wesentliche Gebet,* Ratisbonne, 1936 (cf.tr. *Prière et Poésie*, Grasset, 1926).

créature, sur lesquelles nous nous plaisons à nous appesantir. Et selon eux, quand une créature se met à rêver en nous et nous libère de toute tristesse, elle naît en nous, mais ce n'est pas Dieu. Il s'agit d'être libérés de notre tristesse non par nos sentiments et nos expériences, mais par Dieu en personne. En effet, Dieu veut naître en nous. La voie qui conduit à cette naissance de Dieu en nous passe par des à-coups, des crises et des obscurités, des traversées du désert et des sécheresses et un profond silence intérieur. Celui qui veut à tout prix que son expérience soit « rentable » ne peut accepter ces passages de désert. Il les interprète comme le signe d'un manque de piété. Nous devrions seulement prier davantage et remettre encore plus notre vie à Dieu, alors nous ressentirions constamment la présence de Dieu. Pourtant, les mystiques nous rappellent que sans cette voie purgative du désert nous n'accédons pas au Dieu véritable, mais nous en restons seulement à nos propres projections et à notre sensibilité.

Aux Corinthiens, en quête d'expériences extatiques, Paul indique la voie royale de l'amour. Ce n'est pas l'expérience extatique de Dieu qui est le critère de notre spiritualité, mais la voie de l'amour, précisément la voie de l'amour de tous les jours, qui assume la vie quotidienne comme lieu de la rencontre de Dieu. C'est à l'aune de l'amour qu'est jugée notre vie et non à celle de l'expérience. Cet amour ne se contente pas de nous conduire à un autre type de relation avec autrui, mais à une nouvelle relation avec Dieu, à l'intimité avec Lui. L'amour ne s'apprécie pas à l'aide de critères moraux, mais sa mesure est celle de la vie. L'amour vise à me rendre vivant. Il vise à m'ouvrir à la proximité intime avec Dieu, à une proximité, dans laquelle je présente à Dieu et lui exprime ce que je ne dirais à nul autre. C'est bien la prière qui pourrait alors être le lieu de cette intimité avec Dieu[1]. En elle, je me laisse entièrement approcher par Dieu, je me laisse rencontrer par Lui et je lui parle de mes aspirations les plus secrètes. Je lui expose mes sentiments et les pensées du tréfonds de mon être, devant lesquels je suis gêné parce qu'ils sont trop personnels et trop enfantins. Mais en devenant aussi intime avec Dieu, la vie s'anime en moi. La cuirasse que l'ascèse avait édifiée en moi s'effondre, car il n'est plus alors question de ma perfection, mais bien de Dieu, à qui je présente tout, à qui je remets tout, en qui je me laisse tomber avec amour. Et un tel amour intime de Dieu conduit toujours à un amour ouvert aux hommes, à un amour quotidien, qui se traduit concrètement dans une convivialité faite de sincérité et de respect, par laquelle l'un fait de la place à l'autre pour qu'il s'épanouisse, et l'un rappelle à l'autre son inaltérable dignité.

---

1. Cf. sur le sujet W. MÜLLER, *Intimität* (Intimité), Mayence, 1989.

Le critère qui nous permet de savoir si nous recherchons vraiment Dieu et non la seule expérience est notre disponibilité au silence. Celui qui, dans l'exercice de sa piété, doit toujours être occupé et doit toujours avoir quelque chose à faire, ou doit encore toujours chanter ou prier à haute voix, fuit Dieu en même temps que le silence. Il donne l'ordre à Dieu de venir dans sa prière et lui prescrit la façon dont il doit être. Mais en fait, il a peur de rencontrer Dieu seul à seul et de se laisser mettre en question. Car une véritable rencontre avec Dieu a besoin d'une prière silencieuse qui soit comme un lieu où nous nous tenons sans défense face à Dieu et où, en sa présence, nous laissons émerger tout ce qui est en nous : le pressentiment que bien des choses en nous ne vont pas et que nous nous faisons des illusions, bref que dans notre vie, nous passons à côté de nous-mêmes et de Dieu. Le silence nous est nécessaire en tant que voie nous permettant de nous unir vraiment à Dieu, à un Dieu qui se présente à nous en tant que personne, qui nous regarde et nous interpelle avec amour et qui est en nous comme notre être le plus profond. C'est dans cette union avec Lui que nous réalisons notre unité avec nous-mêmes, avec tous les hommes et avec toute la création. Sur cette voie de l'unité, rien n'est mis entre parenthèses et tout est rapporté à Dieu, y compris l'obscurité qui est en nous et notre zone d'ombre. Dans la mesure où tout est rapporté ainsi à Dieu, tout peut devenir vivant en nous et notre amour peut s'intensifier. Tout en nous peut louer Dieu, même les chacals et les autruches et toutes les bêtes sauvages, comme le dit Isaïe[1] : même nos instincts, même ce qui en nous n'est pas encore maîtrisé et demeure à l'état sauvage. Nous n'avons plus à avoir peur d'un quelconque chacal en nous, qui pourrait nous surprendre par derrière. Dans une spiritualité moralisante, on vit dans la peur permanente de ces « bêtes sauvages », qui pourraient nous assaillir par surprise. Celui qui tient toute chose en présence de Dieu sentira en lui une grande liberté et une grande vitalité, une grande ouverture et une grande sérénité : il sentira quelque chose de la vie en plénitude que nous dispense le Christ.

6. Globale et non unilatérale

Dans une spiritualité authentique, c'est tout l'homme qui doit être sollicité, saisi et transformé par la Rédemption du Christ. Non seulement l'intelligence et la volonté, mais le cœur et la sensibilité ; non seulement l'esprit, mais le corps ; non seulement la conscience, mais encore l'inconscient : tout doit être l'objet et la tâche de la vie spirituelle. La voie spirituelle implique l'écoute du corps, qui est sou-

1. Is 43, 20.

vent plus honnête que nous-mêmes. Quand une spiritualité s'accompagne de nombreux troubles profonds, de nature psychosomatique, il nous faut être sur nos gardes. Assurément il ne faut pas identifier la spiritualité avec la santé physique, mais il nous faut reconnaître fondamentalement que notre corps exprime ce qu'il y a au fond de notre âme. Et nous devons écouter ce que Dieu nous dit à travers notre corps, à travers nos maladies, nos tensions, notre nervosité, les troubles de notre sommeil, etc. Chez des hommes de piété, les troubles psychosomatiques révèlent souvent qu'une mauvaise compréhension de la Bonne Nouvelle de Jésus ainsi qu'une pratique douteuse de l'ascèse refoulent et répriment leurs agressions et leur sexualité. Une telle perturbation serait alors un défi et un appel à grandir dans la liberté, pour laquelle le Christ nous a libérés. Les maladies à répétition de prêtres et de religieux ou encore de certains membres de groupes charismatiques peuvent être le signe que l'on n'a pas encore accédé à cette liberté en Jésus Christ, mais qu'une piété mal comprise porte atteinte à la vie et lui cause préjudice.

Si l'intelligence, ou la volonté, ou encore la sensibilité sont sollicitées de façon unilatérale, ce n'est jamais bon pour le sujet. Il faut que la piété soit également confrontée à l'intelligence, qui doit pouvoir la précéder, et elle doit inclure la volonté ainsi que la sensibilité qui demande à s'exprimer. Toutes les énergies de l'âme doivent pareillement être mises en rapport à Dieu. Il faut aussi lui ouvrir notre inconscient, en interrogeant nos rêves sur la voix de Dieu. Ce n'est que lorsque tout est mis en relation à Lui que l'homme est sauvé et en bonne santé. Tout écartèlement dans l'un des domaines de l'homme provoque la maladie. Et c'est dans cet écartèlement que s'instaure la culpabilité effective, et non pas dans la transgression des commandements. La culpabilité, au sens littéral, signifie la désintégration. L'homme cherche à cacher quelque chose à lui-même ou à Dieu, parce qu'il refuse de se regarder lui-même, et cela cause la désintégration d'une partie de son être. L'homme qui vit divisé n'est plus sain et en bonne santé. Cette désintégration le poursuit et entraîne des blocages. Celui qui se sent coupable ne croit pas que Dieu puisse aussi sauver et transformer cette part incriminée de lui-même.

Une spiritualité globale doit être tout à la fois masculine et féminine. Le côté masculin se traduit par la discipline et l'ascèse, par l'effort de la volonté, par la gestion et l'organisation de la vie spirituelle et par la tentative de venir à bout de nos défauts. La spiritualité est féminine quand elle laisse grandir en nous la vie, quand elle ne s'impatiente pas en tentant de tout faire aboutir immédiatement, mais qu'elle offre de l'espace à l'Esprit de Dieu, qui peut agir en nous. C'est le point de vue d'une spiritualité féminine que de se traiter avec ménagement : au lieu de recourir à des moyens violents pour déraciner ce qui en nous est négatif, nous créons en nous les conditions pour que le bien puisse se déployer plus intensément que le négatif. Jésus a en vue cette forme de vie spirituelle quand il nous appelle à ne pas arracher immédiatement l'ivraie, parce qu'avec lui on arracherait le bon grain : *Laissez l'un et l'autre croître ensemble jusqu'à la moisson*[1].

Le caractère féminin de la spiritualité s'exprime aussi dans les récits de guérison, où Jésus agit de façon maternelle et affectueuse avec les personnes. Nous avons besoin de cet élément féminin, car souvent, dans la vie spirituelle, il nous arrive de nous traiter avec trop de dureté et de cruauté dans le combat que nous menons contre nous. Nous sommes souvent furieux contre nous parce que nous ne sommes pas en mesure de nous pardonner nos fautes et nos faiblesses. L'ascèse peut être considérée comme un élément masculin, puisqu'elle est une lutte contre nos défauts. Il s'agit d'un élément important, mais cela nous conduit fréquemment au rejet de soi. Nous devrions tout autant développer en nous l'élément féminin. Même dans la vie spirituelle, nous devons nous traiter avec bonté : trouver des formes de prière et de méditation auxquelles nous pourrions nous

1. Mt 13, 30.

préparer avec joie. Nous devrions traiter notre personne comme le ferait une mère, avec affection et tendresse, en sachant que le bien progresse en nous aussi intensément que le mal. Notre vie spirituelle a besoin de l'un et de l'autre : tant l'organisation que le laisser-grandir ; on a besoin de hauts et de bas, d'inspiration et d'expiration, de laisser-faire et d'intervention, d'exigence et de tendresse maternelle.

7. Humble et non orgueilleuse

Pour les moines de l'Antiquité et pour Benoît, l'humilité est le critère qui permet de savoir si une spiritualité est authentique ou non. Un homme peut prier et jeûner autant qu'il veut, s'il s'en sert pour se faire valoir aux yeux des autres, cela ne lui sert de rien. Les Pères de l'Antiquité s'éprouvaient l'un l'autre, à l'occasion de leurs visites, pour voir si l'autre était humble et serein, ou même susceptible et rude envers autrui. L'humilité est la pierre de touche de l'authenticité de l'ascèse. Nous avons quelque peine aujourd'hui à définir cette notion, mais elle ne signifie rien d'autre que le courage de la vérité, le courage de l'acceptation de soi, tel qu'on est, avec ses points forts et ses faiblesses. Le mot latin d'*humilitas* montre que l'humilité a quelque chose à voir avec le sol et la terre. Il signifie donc que nous avons les deux pieds sur terre et que nous sommes en contact avec l'humus, avec le sol nourricier fertile. L'humilité n'est pas crispée, mais elle est capable de faire preuve d'humour dans l'acceptation de soi. Elle conduit à la découverte personnelle et sincère d'une paix profonde, d'un amour miséricordieux, et à l'humour. Voici ce que Torello écrit sur l'humilité :

> L'humilité – l'humilité chrétienne authentique – est simple et paisible ; elle accepte et assume sa propre réalité et ses limites ; elle est la pierre de touche de la fausse spiritualité, de la fausse mystique. Saint Jean Climaque disait : « La seule chose que les démons ne peuvent imiter est l'humilité. » Les hommes vraiment saints et d'intense intériorité ressentent une grande pudeur à évoquer les dons qu'ils ont reçus de Dieu et ce n'est que par obéissance qu'ils écrivent sur eux-mêmes. A l'inverse, les soi-disant saints écrivent des milliers de pages pour rédiger des mémoires, des journaux spirituels, des prières, qu'ils aiment bien montrer à d'autres[1].

Espérons que les titres de cette collection ne tombent pas dans cette catégorie ! Il y a une façon de traiter des expériences spirituelles, qui, malgré une grande piété, est entachée d'un orgueil qui produit un effet pitoyable. L'humilité est discrète. Elle n'est pas imbue d'elle-même ni des expériences spirituelles qui se contentent d'exister.

L'humilité ne condamne pas, elle laisse autrui s'affirmer. Elle montre qu'un homme a trouvé son

---

1. J. B. Torello, *op. cit.*, p. 36.

unité personnelle, qu'il a appris sa propre impuissance et que dans cette impuissance même il a découvert la grâce de Dieu. Si, en cette situation, nous nous en remettons totalement à Dieu, nous apprenons quelque chose de la liberté des enfants de Dieu. Assurément, il faut que nous fassions effort et que nous travaillions sur nous-mêmes. Mais en dépit de tout ce travail, nous devons reconnaître que, de nous-mêmes et de notre propre force, il n'est pas sûr que nous soyons à même d'être bons. Nous savons que tout est grâce et que la grâce de Dieu trouve son accomplissement précisément dans notre faiblesse. Ce n'est pas là une attitude de résignation, mais de liberté et d'ouverture, de sérénité et de joie. Ceci nous affranchit de toute recherche crispée d'une perfection personnelle. Nous pouvons en réalité nous jeter dans les bras de l'amour miséricordieux de Dieu et y trouver une sécurité pour toujours. Voici comment Hermann Hesse décrit cette expérience :

> La voie de l'humanisation s'achève inéluctablement par le désespoir, c'est-à-dire avec l'idée qu'il n'existe pas de réalisation de la vertu, ni de totale docilité, ni de service jamais satisfait ; la justice est inaccessible et le bien irréalisable. Un tel désespoir mène à la déchéance ou même au troisième Reich de l'Esprit, à l'expérience d'un état qui se situe au-delà de la morale et de la loi, ou alors, à un accès à la condition de racheté, à une nouvelle forme supérieure d'absence de responsabilité, ou, pour le dire en bref, à la foi[1].

Une authentique spiritualité conduit toujours à une paix profonde et à une joie tranquille. L'Esprit de Dieu peut naturellement un jour exploser en nous. Mais ce n'est qu'un leurre. A la longue, l'Esprit génère en nous une humilité tranquille. Celui qui ne peut s'empêcher de raconter inlassablement de manière tapageuse ses expériences spirituelles ne remarque pas le caractère égocentrique de sa piété. On connaît le mot de l'Apôtre : *Nous ne pouvons pas ne pas parler de ce que nous avons vu et entendu*[1] ; gardons-nous de trop en abuser pour nous empresser de raconter nos prétendues expériences spirituelles, par lesquelles nous cherchons seulement à nous rendre intéressants. Il nous faut plutôt parler non pas de nous, mais de Dieu, de ce que nous avons vu et appris de son action. Une véritable spiritualité, comme le croient les moines, nous amène à une attitude d'humilité, d'ouverture et de sérénité, de paix et de miséricorde, par laquelle nous gagnons autrui plus délicatement et en même temps plus durablement que par des déclarations tonitruantes sur nos étonnantes expériences divines.

Déjà dans la lettre aux Galates, Paul a énuméré les critères d'une spiritualité authentique et saine : *Le fruit de l'Esprit est l'amour, la joie, la paix, la*

---

6. Hermann HESSE, *Briefe* (Lettres), édition augmentée, Francfort, 1964, p. 389.

1. Ac 4, 20.

longanimité, la serviabilité, la bonté, la douceur et la maîtrise de soi. A cela, il n'y a rien à ajouter. Là où l'on trouve de tels fruits, l'Esprit de Dieu est à l'œuvre. Mais là où se trouvent l'étroitesse et la peur, la dureté et les préjugés, ce n'est pas l'Esprit de Dieu qui est à l'œuvre, mais leur propre esprit, un mauvais esprit, qui aimerait bien se réclamer de l'Esprit de Dieu. Malheureusement, il existe de nos jours des courants de piété qui contribuent à rendre leurs adeptes malades, en les surchargeant de façon déplorable et en leur donnant en permanence mauvaise conscience, ce qui n'est pas sans entraîner dans leur personnalité des tiraillements internes. La pratique d'une spiritualité saine nous rend pleins de bonté et de douceur vis-à-vis de nous-mêmes, et grâce à la rencontre de Dieu, nous devenons sains et capables de mener une vie intégrale, bien portants et joyeux, sereins et pleins de vitalité.

CONCLUSION

Une spiritualité qui entend reposer sur l'Esprit de Jésus rendra le sujet en bonne santé dans son corps et dans son âme. Mais ce n'est pas ici une notion extérieure de la santé qui est visée. L'authenticité de notre spiritualité ne s'apprécie pas selon le degré de notre bonne forme physique : il n'est pas question de nous soumettre à une nouvelle pression d'ordre spirituel, comme si toute maladie traduisait un déficit de spiritualité. Nous le savons, une vie spirituelle peut nous rendre bien portants sur le plan physique comme sur le plan mental et, de plus, nous garder en bonne santé, mais Dieu peut aussi nous envoyer la maladie, pour nous rappeler nos limites ; c'est en quelque sorte une chance pour que nous soyons vraiment en recherche de Lui et pas seulement de notre santé. La maladie est inhérente à notre condition humaine. Il serait de notre part fatal de croire qu'une vie spirituelle saine nous épargnerait toute maladie : ce serait de l'orgueil. L'humilité nous rend conscients de notre humanité, avec ses limites toutes normales et la récurrence de maladies, qui sont l'occasion de découvrir notre zone d'ombre. Car la maladie peut devenir un lieu de rencontre vraie et profonde de Dieu. Quand, dans notre état de malade, nous nous mettons à l'écoute de Dieu, nous sommes, au cœur même de la maladie, sains, et alors la maladie devient une source de bénédiction pour nous et pour autrui. Quoique malades, nous ressentons en nous la paix et la gratitude envers Dieu, qui cherche à nous atteindre précisément aussi dans la douleur de la maladie.

Notre propre santé est un véritable défi spirituel. Il ne suffit pas de l'entretenir en absorbant des médicaments : pour pouvoir vivre bien portants, il nous faut vivre spirituellement. Car la vie spirituelle sollicite l'homme dans son intégralité, rien n'est exclu ni désintégré, et c'est ainsi que tout en lui peut devenir sain. Mais la maladie, elle aussi, est un défi spirituel. Elle est un appel de Dieu à reconnaître le mystère de la vie, qui ne réside pas dans une forme physique parfaite, mais dans le fait que nous sommes créés et aimés par Dieu, marchant à sa rencontre, libres et ouverts, à l'heure de notre mort, dans l'espoir de pouvoir alors nous jeter dans ses bras de miséricorde. Bien portants ou malades, nous vivons continuellement en présence de Dieu et notre valeur vient de l'interpellation et du regard de Dieu, car à travers nous et en nous, il nous adresse sa Parole, qui ne peut retentir que par notre intermédiaire, une Parole unique, qui ne demande qu'à être entendue par d'autres au cours de notre vie. Notre valeur réside en ce que Dieu demeure déjà en nous, et le Dieu qui réside en nous nous attend aussi dans la demeure que le Christ nous a préparée auprès de son Père. Bien portants ou malades, nous marchons vers Dieu, lui qui peut guérir et cicatriser nos blessures, lui qui nous dispense la santé et la maladie, afin que, dans l'un et l'autre état, nous Le découvrions comme le salut et la santé véritable.

TABLE DES MATIÈRES

Impression et finition Saint-Paul France S.A.
55000 Bar le Duc
Dépôt légal : mai 2000
N° 04-00-0682